中华优秀传统文化典藏本

增广贤文

顾问 江庆柏
主编 黄甫林

南方日报出版社
NANFANG DAILY PRESS
中国·广州

图书在版编目（CIP）数据

增广贤文 / 黄甫林主编 . — 广州 : 南方日报出版社，2023.11
（中华优秀传统文化典藏本）
ISBN 978-7-5491-2767-2

Ⅰ . ①增⋯ Ⅱ . ①黄⋯ Ⅲ . ①古汉语 – 启蒙读物Ⅳ . ① H194.1

中国国家版本馆 CIP 数据核字（2023）第 210240 号

ZENGGUANG XIANWEN

增广贤文

主编 / 黄甫林
出版发行 / 南方日报出版社
地址 / 广州市广州大道中 289 号
出版人 / 周山丹
责任编辑 / 张高
责任技编 / 王兰
责任校对 / 阮昌汉
装帧设计 / 高山
封面绘画 / 厚闲
经销 / 全国新华书店
印刷 / 合肥远东印务有限责任公司
开本 / 787 mm × 1092 mm 1/16
印张 / 9
字数 / 80 千字
版次 / 2023 年 11 月第 1 版
印次 / 2023 年 11 月第 1 次印刷
定价 / 29.80 元

投稿热线：（020）87360640 读者热线：（020）87363865
发现印装质量问题，影响阅读，请与承印厂联系调换。

前　言

教育部《义务教育语文课程标准（2022年版）》的总目标明确提出，要“认识中华文化的丰厚博大，汲取智慧，弘扬社会主义先进文化、革命文化、中华优秀传统文化，建立文化自信”。把“中华优秀传统文化”作为课程内容的重要主题，要求“注重弘扬讲仁爱、重民本、守诚信、崇正义、尚和合、求大同等核心思想理念；弘扬有利于促进社会和谐、鼓励人们向上向善的中华人文精神；弘扬自强不息、敬业乐群、扶危济困、见义勇为、孝老爱亲等中华传统美德”。

为了贯彻新版语文课程标准思想，丰富“中华优秀传统文化”载体，我们打造了这套“中华优秀传统文化典藏本”。

这本《增广贤文》由特级教师、教研员、教材专家、大学教授联合打造，是一线传统文化教育教学成果的结晶。本书遴选精良版本，设计专业体例，配有名家名画，赠送朗读音频，装帧排版考究，还附有一本《传统文化过关手册》，是一本专业性、针对性和实用性很强的传统文化经典，不仅便于老师课堂教学，也利于学生自主学习。本书具体特点如下：

一、全本全解，版本精良。

首先，本书采用无删减版本，确保了作品的完整性；其次，为确保文本质量，我们选择了专业、通行的精良版本作为本书古文底本。

二、名家名画，注重审美。

本书不仅注重文字质量，而且配有名家名画，图文有机结合，提高学生的审美素养。

三、体例专业，便教利学。

本书主要采用“经典原文+经典注释+经典译文+经典故事+经典拓展”的编写体例，多角度、多层次解读传统经典，不仅便于教师教学指导，也利于学生自主学习。

四、过关手册，吃透经典。

本书附有一本《传统文化过关手册》，梳理本书的传统文化知识，帮助学生吃透传统文化精髓。

五、古文注音，实用规范。

为了便于学生更好地学习优秀传统文化，本书古文部分采用专业注音；对于读音特殊或者生僻字的注音，本书一般采用黑体变色标注。对于学生不易理解的通假字、异体字等，在右下角标注本字，并用金色底呈现。

六、字大行疏，有声朗读。

为了保护学生视力，本书古文部分字号不小于国标三号字，行距疏朗，版面简洁雅致。此外，古文部分还配有专业的有声朗读音频。

七、装帧精美，环保印刷。

本书由资深设计师装帧设计，版式典雅；封面采用烫金工艺，并采用环保油墨和纸张印刷，安全性高。

我们深知，本书一定存在不足之处，希望各位读者多提宝贵意见和建议，以便我们进一步修订完善，为传承和弘扬中华优秀传统文化贡献绵薄之力。

“中华优秀传统文化典藏本”编委会

目 录

《增广贤文》

全文诵读

有声朗读

dì yī piān
第一篇

xī shí xián wén huì rǔ zhūn zhūn
昔时贤文，诲汝谆谆。

jí yùn zēng guǎng duō jiàn duō wén
集韵增广，多见多闻。

guān jīn yí jiàn gǔ wú gǔ bù chéng jīn
观今宜鉴古，无古不成今。002

zhī jǐ zhī bǐ jiāng xīn bǐ xīn
知己知彼，将心比心。

jiǔ féng zhī jǐ yǐn shī xiàng huì rén yín
酒逢知己饮，诗向会人吟。

xiāng shí mǎn tiān xià zhī xīn néng jǐ rén
相识满天下，知心能几人。

xiāng féng hǎo sì chū xiāng shí dào lǎo zhōng wú yuàn hèn xīn
相逢好似初相识，到老终无怨恨心。

jìn shuǐ zhī yú xìng jìn shān shí niǎo yīn
近水知鱼性，近山识鸟音。

yì zhǎng yì tuì shān xī shuǐ yì fǎn yì fù xiǎo rén xīn
易涨易退山溪水，易反易复小人心。003

yùn qù jīn chéng tiě shí lái tiě sì jīn
运去金成铁，时来铁似金。

yīng huā yóu pà chūn guāng lǎo, qǐ kě jiào rén wǎng dù chūn
莺花犹怕春光老，岂可教人枉度春。

xiāng féng bù yǐn kōng guī qù, dòng kǒu táo huā yě xiào rén
相逢不饮空归去，洞口桃花也笑人。

hóng fěn jiā rén xiū shǐ lǎo, fēng liú làng zǐ mò jiào pín
红粉佳人休使老，风流浪子莫教贫。 008

zài jiā bú huì yíng bīn kè, chū wài fāng zhī shǎo zhǔ rén
在家不会迎宾客，出外方知少主人。

huáng jīn wú jiǎ, ā wèi wú zhēn
黄金无假，阿魏无真。

kè lái zhǔ bú gù, yīng kǒng shì chī rén
客来主不顾，应恐是痴人。

pín jū nào shì wú rén wèn, fù zài shēn shān yǒu yuǎn qīn
贫居闹市无人问，富在深山有远亲。 009

shuí rén bèi hòu wú rén shuō, nǎ ge rén qián bù shuō rén
谁人背后无人说，哪个人前不说人。

yǒu qián dào zhēn yǔ, wú qián yǔ bù zhēn
有钱道真语，无钱语不真。

bú xìn dàn kàn **yán** zhōng jiǔ, bēi bēi xiān quàn yǒu qián rén
不信但看筵中酒，杯杯先劝有钱人。 010

nào lǐ yǒu qián, jìng chù ān shēn
闹里有钱，静处安身。

lái rú fēng yǔ, qù sì wēi chén
来如风雨，去似微尘。 011

cháng jiāng hòu làng tuī qián làng, shì shàng xīn rén gǎn jiù rén
长江后浪推前浪，世上新人赶旧人。

jìn shuǐ lóu tái xiān dé yuè, xiàng yáng huā mù zǎo féng chūn
近水楼台先得月，向阳花木早逢春。

mò dào jūn xíng zǎo, gèng yǒu zǎo xíng rén
莫道君行早，更有早行人。

dì èr piān
第二篇

yǒu chá yǒu jiǔ duō xiōng dì jí nàn hé céng jiàn yì rén
有茶有酒多兄弟，急难何曾见一人。

rén qíng sì zhǐ zhāng zhāng báo shì shì rú qí jú jú xīn
人情似纸张张薄，世事如棋局局新。

shān zhōng yě yǒu qiān nián shù shì shàng nán féng bǎi suì rén
山中也有千年树，世上难逢百岁人。

lì wēi xiū fù zhòng yán qīng mò quàn rén
力微休负重，言轻莫劝人。

wú qián xiū rù zhòng zāo nàn mò xún qīn
无钱休入众，遭难莫寻亲。 ………… 017

píng shēng mò zuò zhòu méi shì shì shàng yīng wú qiè chǐ rén
平生莫作皱眉事，世上应无切齿人。

shì zhě guó zhī bǎo rú wéi xí shàng zhēn
士者国之宝，儒为席上珍。 ………… 018

ruò yào duàn jiǔ fǎ xǐng yǎn kàn zuì rén
若要断酒法，醒眼看醉人。

qiú rén xū qiú dà zhàng fu jì rén xū jì jí shí wú
求人须求大丈夫，济人须济急时无。

kě shí yì dī rú gān lù zuì hòu tiān bēi bù rú wú
渴时一滴如甘露，醉后添杯不如无。

jiǔ zhù lìng rén xián pín lái qīn yě shū
久住令人嫌，频来亲也疏。 ………… 019

jiǔ zhōng bù yǔ zhēn jūn zǐ cái shàng fēn míng dà zhàng fu
酒中不语真君子，财上分明大丈夫。

chū jiā rú chū chéng fó yǒu yú
出家如初，成佛有余。 ………… 020

jī jīn qiān liǎng bù rú míng jiě jīng shū
积金千两，不如明解经书。

yǎng zǐ bú jiào rú yǎng lǘ yǎng nǚ bú jiào rú yǎng zhū
养子不教如养驴，养女不教如养猪。

zài jiā yóu fù，chū jiā cóng fū。
在家由父，出家从夫。

chī rén wèi fù，xián nǚ jìng fū。
痴人畏妇，贤女敬夫。 024

shì fēi zhōng rì yǒu，bù tīng zì rán wú。
是非终日有，不听自然无。

nìng kě zhèng ér bù zú，bù kě xié ér yǒu yú。
宁可正而不足，不可邪而有余。

nìng kě xìn qí yǒu，bù kě xìn qí wú。
宁可信其有，不可信其无。

zhú lí máo shè fēng guāng hǎo，dào yuàn sēng táng zhōng bù rú。
竹篱茅舍风光好，道院僧堂终不如。

mìng lǐ yǒu shí zhōng xū yǒu，mìng lǐ wú shí mò qiǎng qiú。
命里有时终须有，命里无时莫强求。

dào yuàn yíng xiān kè，shū táng yǐn xiàng rú。
道院迎仙客，书堂隐相儒。

tíng zāi qī fèng zhú，chí yǎng huà lóng yú。
庭栽栖凤竹，池养化龙鱼。 025

jié jiāo xū shèng jǐ，sì wǒ bù rú wú。
结交须胜己，似我不如无。

dàn kàn sān wǔ rì，xiāng jiàn bù rú chū。
但看三五日，相见不如初。 026

dì sān piān
第三篇

rén qíng sì shuǐ fēn gāo xià，shì shì rú yún rèn juǎn shū。
人情似水分高下，世事如云任卷舒。

huì shuō shuō dōu shì，bú huì shuō wú lǐ。
会说说都是，不会说无礼。

zéi shì xiǎo rén， zhì guò jūn zǐ。
贼是小人，知过君子。

jūn zǐ gù qióng， xiǎo rén qióng sī làn yě。
君子固穷，小人穷斯滥也。

pín qióng zì zài， fù guì duō yōu。
贫穷自在，富贵多忧。

bù yǐ wǒ wéi dé， fǎn yǐ wǒ wéi chóu。
不以我为德，反以我为仇。

nìng xiàng zhí zhōng qǔ， bù kě qū zhōng qiú。
宁向直中取，不可曲中求。 031

rén wú yuǎn lǜ， bì yǒu jìn yōu。
人无远虑，必有近忧。

zhī wǒ zhě wèi wǒ xīn yōu， bù zhī wǒ zhě wèi wǒ hé qiú。
知我者谓我心忧，不知我者谓我何求。

qíng tiān bù kěn qù， zhǐ dài yǔ lín tóu。
晴天不肯去，只待雨淋头。 032

chéng shì mò shuō， fù shuǐ nán shōu。
成事莫说，覆水难收。

shì fēi zhǐ wèi duō kāi kǒu， fán nǎo jiē yīn qiáng chū tóu。
是非只为多开口，烦恼皆因强出头。

rěn de yì shí zhī qì， miǎn de bǎi rì zhī yōu。
忍得一时之气，免得百日之忧。

jìn lái xué dé wū guī fǎ， dé suō tóu shí qiě suō tóu。
近来学得乌龟法，得缩头时且缩头。

jù fǎ zhāo zhāo lè， qī gōng rì rì yōu。
惧法朝朝乐，欺公日日忧。 033

rén shēng yí shì， cǎo shēng yì chūn。
人生一世，草生一春。

hēi fà bù zhī qín xué zǎo， kàn kan yòu shì bái tóu wēng。
黑发不知勤学早，看看又是白头翁。

liú dé wǔ hú míng yuè zài bù chóu wú chù xià jīn gōu
留得五湖明月在，不愁无处下金钩。037

xiū bié yǒu yú chù mò liàn qiǎn tān tóu
休别有鱼处，莫恋浅滩头。

qù shí zhōng xū qù zài sān liú bú zhù
去时终须去，再三留不住。

rěn yí jù xī yí nù ráo yì zhāo tuì yí bù
忍一句，息一怒，饶一着，退一步。038

sān shí bù háo sì shí bú fù wǔ shí jiāng lái xún sǐ lù
三十不豪，四十不富，五十将来寻死路。

shēng bú lùn hún sǐ bú rèn shī
生不论魂，死不认尸。

fù mǔ ēn shēn zhōng yǒu bié fū qī yì zhòng yě fēn lí
父母恩深终有别，夫妻义重也分离。

rén shēng sì niǎo tóng lín sù dà xiàn lái shí gè zì fēi
人生似鸟同林宿，大限来时各自飞。039

rén shàn bèi rén qī mǎ shàn bèi rén qí
人善被人欺，马善被人骑。

rén wú hèng cái bú fù mǎ wú yè cǎo bù féi
人无横财不富，马无夜草不肥。

rén è rén pà tiān bú pà rén shàn rén qī tiān bù qī
人恶人怕天不怕，人善人欺天不欺。

shàn è dào tóu zhōng yǒu bào zhǐ zhēng lái zǎo yǔ lái chí
善恶到头终有报，只争来早与来迟。

huáng hé shàng yǒu chéng qīng rì qǐ kě rén wú dé yùn shí
黄河尚有澄清日，岂可人无得运时。040

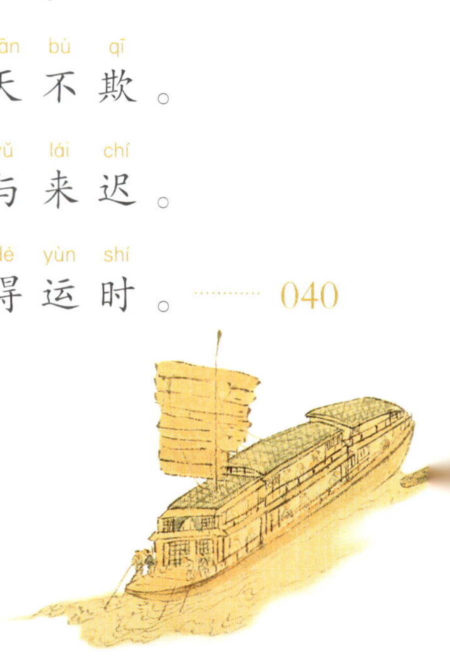

dì sì piān

第四篇

shí nián chuāng xià wú rén wèn yì jǔ chéng míng tiān xià zhī
十年窗下无人问，一举成名天下知。

jiǔ zhài xún cháng xíng chù yǒu rén shēng qī shí gǔ lái xī
酒债寻常行处有，人生七十古来稀。 046

yǎng ér dài lǎo jī gǔ fáng jī
养儿待老，积谷防饥。

jī tún gǒu zhì zhī chù wú shī qí shí
鸡豚狗彘之畜，无失其时。

shù kǒu zhī jiā kě yǐ wú jī yǐ
数口之家，可以无饥矣。

cháng jiāng yǒu rì sī wú rì mò bǎ wú shí dàng yǒu shí
常将有日思无日，莫把无时当有时。 047

shí lái fēng sòng téng wáng gé yùn qù léi hōng jiàn fú bēi
时来风送滕王阁，运去雷轰荐福碑。 048

rù mén xiū wèn róng kū shì guān kàn róng yán biàn dé zhī
入门休问荣枯事，观看容颜便得知。

guān qīng shū lì shòu shén líng miào zhù féi
官清书吏瘦，神灵庙祝肥。

xī què léi tíng zhī nù bà què hǔ láng zhī wēi
息却雷霆之怒，罢却虎狼之威。

ráo rén suàn rén zhī běn shū rén suàn rén zhī jī
饶人算人之本，输人算人之机。

hǎo yán nán dé è yǔ yì shī
好言难得，恶语易施。

yì yán jì chū sì mǎ nán zhuī
一言既出，驷马难追。 049

dào wú hǎo zhě shì wú zéi dào wú è zhě shì wú shī
道吾好者是吾贼，道吾恶者是吾师。

lù féng xiá kè xū chéng jiàn bú shì cái rén mò xiàn shī
路逢侠客须呈剑，不是才人莫献诗。

shāng rén yì yǔ, lì rú dāo gē
伤人一语，利如刀割。 053

kū mù féng chūn yóu zài fā, rén wú liǎng dù zài shào nián
枯木逢春犹再发，人无两度再少年。

wèi wǎn xiān tóu sù, jī míng zǎo kàn tiān
未晚先投宿，鸡鸣早看天。 054

dì wǔ piān
第五篇

jiàng xiàng xiōng qián kān zǒu mǎ, gōng hóu dù lǐ hǎo chēng chuán
将相胸前堪走马，公侯肚里好撑船。

fù rén sī lái nián, qióng rén sī yǎn qián
富人思来年，穷人思眼前。

shì shàng ruò yào rén qíng hǎo, **shē** qù wù jiàn mò qǔ qián
世上若要人情好，赊去物件莫取钱。

sǐ shēng yǒu mìng, fù guì zài tiān
死生有命，富贵在天。 056

jī shí yuán yǒu huǒ, bù jī nǎi wú yān
击石原有火，不击乃无烟。

wéi xué shǐ zhī dào, bù xué yì tú rán
为学始知道，不学亦徒然。

mò xiào tā rén lǎo, zhōng xū hái dào lǎo
莫笑他人老，终须还到老。

dàn néng yī běn fèn, zhōng xū wú fán nǎo
但能依本分，终须无烦恼。

jūn zǐ ài cái, qǔ zhī yǒu dào
君子爱财，取之有道。

zhēn fù ài sè, nà zhī yǐ lǐ
贞妇爱色，纳之以礼。 057

huì shǐ bú zài jiā háo fù, fēng liú bú yòng zhuó yī duō

会使不在家豪富，风流不用着衣多。061

guāng yīn sì jiàn, rì yuè rú suō

光阴似箭，日月如梭。

tiān shí bù rú dì lì, dì lì bù rú rén hé

天时不如地利，地利不如人和。

huáng jīn wèi wéi guì, ān lè zhí qián duō

黄金未为贵，安乐值钱多。062

shì shàng wàn bān jiē xià pǐn, sī liang wéi yǒu dú shū gāo

世上万般皆下品，思量唯有读书高。

shì jiān hǎo yǔ shū shuō jìn, tiān xià míng shān sēng zhàn duō

世间好语书说尽，天下名山僧占多。

wéi shàn zuì lè, wéi è nán táo

为善最乐，为恶难逃。

yáng yǒu guì rǔ zhī ēn, yā yǒu fǎn bǔ zhī yì

羊有跪乳之恩，鸦有反哺之义。063

nǐ jí tā wèi jí, rén xián xīn bù xián

你急他未急，人闲心不闲。

yǐn è yáng shàn, zhí qí liǎng duān

隐恶扬善，执其两端。064

qī xián fū huò shǎo, zǐ xiào fù xīn kuān

妻贤夫祸少，子孝父心宽。

jì zhuì **fǔ zèng**, fǎn gù wú yì

既坠釜甑，反顾无益。

fān fù zhī shuǐ, shōu zhī shí nán

翻覆之水，收之实难。065

rén shēng zhī zú hé shí zú, rén lǎo tōu xián qiě shì xián

人生知足何时足，人老偷闲且是闲。

dàn yǒu lǜ yáng kān xì mǎ, chù chù yǒu lù tòu cháng ān

但有绿杨堪系马，处处有路透长安。

yǔ rén bú mù，quàn rén jià wū
与人不睦，劝人架屋。

dàn xíng hǎo shì，mò wèn qián chéng
但行好事，莫问前程。

hé xiá shuǐ jí，rén jí jì shēng
河狭水急，人急计生。

míng zhī shān yǒu hǔ，mò xiàng hǔ shān xíng
明知山有虎，莫向虎山行。

lù bù xíng bú dào，shì bù wéi bù chéng
路不行不到，事不为不成。

rén bú quàn bú shàn，zhōng bù dǎ bù míng
人不劝不善，钟不打不鸣。 071

wú qián fāng duàn jiǔ，lín lǎo shǐ kàn jīng
无钱方断酒，临老始看经。

diǎn tǎ qī céng，bù rú àn chù yì dēng
点塔七层，不如暗处一灯。

wàn shì quàn rén xiū mán mèi，jǔ tóu sān chǐ yǒu shén míng
万事劝人休瞒昧，举头三尺有神明。

dàn cún fāng cùn tǔ，liú yǔ zǐ sūn gēng
但存方寸土，留与子孙耕。

miè què xīn tóu huǒ，tī qǐ fó qián dēng
灭却心头火，剔起佛前灯。 072

xīng xīng cháng bù zú，měng měng zuò gōng qīng
惺惺常不足，懵懵作公卿。

zhòng xīng lǎng lǎng，bù rú gū yuè dú míng
众星朗朗，不如孤月独明。

xiōng dì xiāng hài，bù rú zì shēng
兄弟相害，不如自生。

hé lǐ kě zuò，xiǎo lì mò zhēng
合理可作，小利莫争。 073

jì de shào nián qí zhú mǎ, kàn kan yòu shì bái tóu wēng

记得少年骑竹马，看看又是白头翁。

lǐ yì shēng yú fù zú, dào zéi chū yú pín qióng

礼义生于富足，盗贼出于贫穷。 078

dì qī piān

第七篇

tiān shàng zhòng xīng jiē gǒng běi, shì jiān wú shuǐ bù cháo dōng

天上众星皆拱北，世间无水不朝东。

jūn zǐ ān píng, dá rén zhī mìng

君子安平，达人知命。 080

zhōng yán nì ěr lì yú xíng, liáng yào kǔ kǒu lì yú bìng

忠言逆耳利于行，良药苦口利于病。

shùn tiān zhě cún, nì tiān zhě wáng

顺天者存，逆天者亡。

rén wèi cái sǐ, niǎo wèi shí wáng

人为财死，鸟为食亡。

fū qī xiāng hé hǎo, qín sè yǔ shēng huáng

夫妻相合好，琴瑟与笙簧。

yǒu ér pín bù jiǔ, wú zǐ fù bù cháng

有儿贫不久，无子富不长。 081

shàn bì shòu lǎo, è bì zǎo wáng

善必寿老，恶必早亡。

shuǎng kǒu shí duō piān zuò bìng, kuài xīn shì guò kǒng shēng yāng

爽口食多偏作病，快心事过恐生殃。 082

fù guì dìng yào ān běn fèn, pín qióng bú bì wǎng sī liang

富贵定要安本分，贫穷不必枉思量。

huà shuǐ wú fēng kōng zuò làng, xiù huā suī hǎo bù wén xiāng

画水无风空作浪，绣花虽好不闻香。

wú xiàn zhū mén shēng è **piǎo** jǐ duō bái wū chū gōng qīng
无限朱门生饿殍，几多白屋出公卿。 085

zuì hòu qián kūn dà hú zhōng rì yuè cháng
醉后乾坤大，壶中日月长。

wàn shì jiē yǐ dìng fú shēng kōng bái máng
万事皆已定，浮生空白忙。 086

qiān lǐ sòng háo máo lǐ qīng rén yì zhòng
千里送毫毛，礼轻仁义重。

shì shì míng rú jìng qián chéng àn sì qī
世事明如镜，前程暗似漆。

guāng yīn huáng jīn nán mǎi yí shì rú jū guò xì
光阴黄金难买，一世如驹过隙。 087

liáng tián wàn qǐng rì shí yì shēng
良田万顷，日食一升。

dà shà qiān jiān yè mián bā chǐ
大厦千间，夜眠八尺。

qiān jīng wàn diǎn xiào yì wéi xiān
千经万典，孝义为先。

yí zì rù gōng mén jiǔ niú tuō bù chū
一字入公门，九牛拖不出。

yá men bā zì kāi yǒu lǐ wú qián mò jìn lái
衙门八字开，有理无钱莫进来。 088

fù cóng shēng **gě** qǐ pín yīn bú suàn lái
富从升合起，贫因不算来。

jiā zhōng wú cái zǐ guān cóng hé chù lái
家中无才子，官从何处来。

wàn shì bù yóu rén jì jiào yì shēng dōu shì mìng ān pái
万事不由人计较，一生都是命安排。

jí xíng màn xíng qián chéng zhǐ yǒu duō shǎo lù
急行慢行，前程只有多少路。 089

dì bā piān
第八篇

yǒu qián kān chū zhòng wú yī lǎn chū mén
有钱堪出众，无衣懒出门。

wéi guān xū zuò xiàng jí dì bì zhēng xiān
为官须作相，及第必争先。

xián shí bù shāo xiāng jí shí bào fó jiǎo
闲时不烧香，急时抱佛脚。

xìng shēng tài píng wú shì rì kǒng féng nián lǎo bù duō shí
幸生太平无事日，恐逢年老不多时。

guó luàn sī liáng jiàng jiā pín sī xián qī
国乱思良将，家贫思贤妻。 094

chí táng jī shuǐ xū fáng hàn tián dì qín gēng zú yǎng jiā
池塘积水须防旱，田地勤耕足养家。

gēn shēn bú pà fēng yáo dòng shù zhèng wú chóu yuè yǐng xié
根深不怕风摇动，树正无愁月影斜。

fèng quàn jūn zǐ gè yí shǒu jǐ
奉劝君子，各宜守己。

zhǐ cǐ chéng shì wàn wú yì shī
只此程式，万无一失。 095

正文

※清 恽寿平 仿古山水册

有声朗读

dì yī piān

第一篇

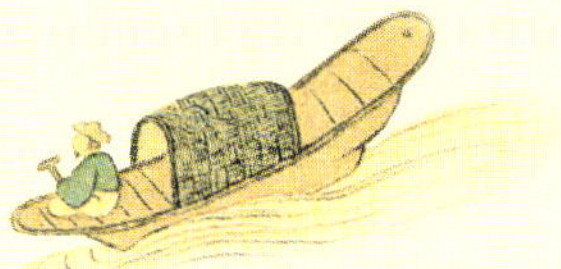

xī shí xián wén, huì rǔ zhūn zhūn

昔时①贤文，诲②汝谆谆③。

jí yùn zēng guǎng, duō jiàn duō wén

集韵④增广⑤，多见多闻。

guān jīn yí jiàn gǔ, wú gǔ bù chéng jīn

观今宜鉴⑥古，无古不成今。

经典注释

①昔时：往日，从前。 ②诲：教导，训诲。 ③谆谆：教诲不倦的样子。 ④集韵：按照韵文的形式采集编排。 ⑤增广：增加，扩大。 ⑥鉴：镜子，这里有借鉴的意思。

经典译文

用古代圣贤的言论，对你们进行恳切的教诲。搜集文句按照韵文的形式编排成这本《增广贤文》，以增加大家的见闻。认知今天，应该借鉴过去的历史；没有过去的历史，也就没有今天。

这一则是全书的总领，介绍了本书的内容和作者编辑本书的原因。先贤的智慧和人生经验是宝贵的财富，作者希望我们可以从先贤的言论中汲取营养，这对我们的为人处世有一定的指导作用。

zhī jǐ zhī bǐ jiāng xīn bǐ xīn
知己①知彼②，将心比心。

jiǔ féng zhī jǐ yǐn shī xiàng huì rén yín
酒逢知己饮，诗向会③人吟。

xiāng shí mǎn tiān xià zhī xīn néng jǐ rén
相识满天下，知心能几人。

xiāng féng hǎo sì chū xiāng shí dào lǎo zhōng wú yuàn hèn xīn
相逢好似初相识，到老终无怨恨心。

经典注释

❶知己：了解自己。 ❷彼：对方。 ❸会：领悟，理解。

经典译文

既要了解自己，也要了解对方，要用自己的心去比照别人的心，设身处地为别人着想。遇上知心朋友才开怀畅饮，碰上懂诗的人才放声吟诵。认识的人遍布天下，真正算是知心朋友的能有几人呢？和朋友相处时如果能做到一直和第一次相见时那样互相尊敬，那么即使到老也不会有怨恨之心。

jìn shuǐ zhī yú xìng jìn shān shí niǎo yīn
近水知鱼性，近山识①鸟音。

yì zhǎng yì tuì shān xī shuǐ yì fǎn yì fù xiǎo rén xīn
易涨易退山溪水，易反易复小人心。

经典注释

❶识：认识，识别。

经典译文

住在水边的人知道鱼儿的习性，住在山林附近的人能辨别鸟儿的声音。山间的溪水容易涨也容易退，这就像小人的心思一样，反复无常，变化无定。

yùn qù jīn chéng tiě shí lái tiě sì jīn

运①去②金成铁，时③来铁似金。

经典注释

❶**运：**运气。 ❷**去：**离开。 ❸**时：**时运。

经典译文

时运离开时，金子也会变成废铁；时运来时，废铁也会像金子一样珍贵。

宿命论认为世事变迁或个人遭遇都由命定，因此称时世或遭遇为“时运”。这一则强调时运对人的影响，带有宿命论色彩。人有主观能动性，不能任凭时运摆布，可以在机会来临时把握机会，尽力作为。

dú shū xū yòng yì yí zì zhí qiān jīn

读书须用意①，一字值千金。

经典注释

❶**用意：**用心。

经典译文

读书一定要用心思考，书中的每一个字都价值千金。

※清　马荃　花卉图（局部）

féng rén qiě shuō sān fēn huà, wèi kě quán pāo yí piàn xīn

逢人且[1]说三分话，未可全抛一片心。

yǒu yì zāi huā huā bù fā, wú xīn chā liǔ liǔ chéng yīn

有意[2]栽花花不发，无心插柳柳成荫。

huà hǔ huà pí nán huà gǔ, zhī rén zhī miàn bù zhī xīn

画虎画皮难画骨，知人知面不知心。

经典注释

❶ **且**：暂且，姑且。 ❷ **有意**：有做某事的愿望。

经典译文

和别人说话时暂且只说三分，不可以把自己的心里话全部说出来。有意栽种的花不一定能绽放，无意之间插下的柳条反而长成了一片绿荫。画老虎，它的皮毛好画，它的骨相却难以画好；了解人的表面很容易，但了解人的内心就十分困难了。

qián cái rú fèn tǔ, rén yì zhí qiān jīn

钱财如[1]粪土，仁义[2]值千金[3]。

经典注释

❶ **如**：像，如同。 ❷ **仁义**：仁爱和正义。 ❸ **千金**：形容贵重。

经典译文

钱财就像粪土一般，仁爱和正义才价值千金。

liú shuǐ xià tān fēi yǒu yì, bái yún chū xiù běn wú xīn.
流水下滩非有意，白云出岫[1]本无心。

dāng shí ruò bù dēng gāo wàng, shuí xìn dōng liú hǎi yáng shēn.
当时若不登高望，谁信东流海洋深。

lù yáo zhī mǎ lì, shì jiǔ zhī rén xīn.
路遥知马力[2]，事久知人心。

经典注释

❶ 岫：峰峦。 ❷ 马力：马的力量。

经典译文

溪水从滩头流去，并非有意为之；白云从峰峦间飘出，本是无心之举。当时如果没有登高望远，谁会相信东流的水都将汇入深深的海洋呢！路途遥远，才可以知道马的耐力；经历事情多了，时间长了，才可以识得人心的善恶好歹。

※元 赵孟頫 浴马图（局部）

liǎng rén yì bān xīn, wú qián kān mǎi jīn;
两人一般[1]心，无钱堪[2]买金；

yì rén yì bān xīn, yǒu qián nán mǎi zhēn.
一人一般心，有钱难买针。

经典注释

❶ 一般：一样，同样。 ❷ 堪：可以，能够。

经典译文

两个人一条心，没有钱也可以买黄金；一个人一种心思，有钱也难以买到针。

xiāng jiàn yì dé hǎo，jiǔ zhù nán wéi rén。

相见易得好，久住[1]难为人。

经典注释

❶ **久住**：长期相处。

经典译文

刚刚相见时很容易相处得很好，长久住在一起则很难相处。

mǎ xíng wú lì jiē yīn shòu，rén bù fēng liú zhǐ wèi pín。

马行无力皆[1]因瘦，人不风流[2]只为贫。

经典注释

❶ **皆**：全，都。 ❷ **风流**：风雅潇洒，洒脱放逸。

经典译文

马跑起来没有力气都是因为太瘦弱，人不风雅潇洒只是因为贫穷。

ráo rén bú shì chī hàn，chī hàn bú huì ráo rén。

饶人不是痴汉[1]，痴汉不会饶人。

经典注释

❶ **痴汉**：愚蠢之人。

经典译文

能够饶恕别人的人不是愚蠢之人，愚蠢之人不会饶恕别人。

shì qīn bú shì qīn，fēi qīn què shì qīn。
是亲不是亲，非亲却是亲。

měi bù měi，xiāng zhōng shuǐ；qīn bù qīn，gù xiāng rén。
美[1]不美，乡中水；亲不亲，故乡人。

经典注释

❶ 美：指滋味甘美可口。

经典译文

是亲人却不像亲人，不是亲人却像亲人一样亲近。无论是否甘甜可口，最爱的还是家乡的水；无论关系是否亲密，眷恋的还是家乡的人。

yīng huā yóu pà chūn guāng lǎo，qǐ kě jiào rén wǎng dù chūn。
莺花犹怕春光老，岂可教人枉[1]度春。

xiāng féng bù yǐn kōng guī qù，dòng kǒu táo huā yě xiào rén。
相逢不饮空归去，洞口桃花也笑人。

hóng fěn jiā rén xiū shǐ lǎo，fēng liú làng zǐ mò jiào pín。
红粉佳人休使老，风流浪子莫教贫。

经典注释

❶ 枉：徒然，白白地。

经典译文

黄莺和鲜花尚且担心春光消逝，人又怎么能虚度青春呢？好友相逢如果不饮酒就分开，洞口的桃花也会笑他们。不要让美丽的女子变老，不要让洒脱放逸的浪子贫困。

“相逢不饮空归去，洞口桃花也笑人”意在劝人饮酒，劝人饮酒本是热情好客的表现，但要注意“度”。过量饮酒不仅伤身，也会误事，在现代社会，酒后驾驶造成的交通事故每年不计其数，我们要引以为戒。

zài jiā bú huì yíng bīn kè，chū wài fāng zhī shǎo zhǔ rén。

在家不会迎宾客，出外方知少主人。

huáng jīn wú jiǎ，ā wèi wú zhēn。

黄金无假，阿魏[1]无真。

kè lái zhǔ bú gù，yìng kǒng shì chī rén。

客来主不顾，应恐是痴人。

pín jū nào shì wú rén wèn，fù zài shēn shān yǒu yuǎn qīn。

贫居闹市[2]无人问，富在深山有远亲[3]。

※明 仇英 桃花源图（局部）

经典注释

❶ 阿魏：多年生草本植物，可用作中药。 ❷ 闹市：热闹的街市。 ❸ 远亲：血缘关系疏远的亲戚。

经典译文

在家里不会迎接宾客，出门在外才知道没有人来接待你。黄金没有假的，阿魏这种中药却没有真的。客人登门，主人却不接待，应该恐怕是个不聪明的人。贫困时，居住在热闹的街市中也无人问津；富贵时，住在深山里也会有远房亲戚前来拜访。

shuí rén bèi hòu wú rén shuō，nǎ ge rén qián bù shuō rén。
谁人背后无人说，哪个人前不说人。

yǒu qián dào zhēn yǔ，wú qián yǔ bù zhēn。
有钱道[1]真语，无钱语不真。

bú xìn dàn kàn yán zhōng jiǔ，bēi bēi xiān quàn yǒu qián rén。
不信但[2]看筵[3]中酒，杯杯先劝有钱人。

经典注释

❶ 道：说。 ❷ 但：只管，尽管。 ❸ 筵：宴席。

经典译文

哪个人的背后没有人在议论他，哪个人在别人面前不议论其他人。有钱

的人说的话是真话，没钱的人说的话是假话。如果不相信的话，请看宴席中的酒，每一杯都是先敬给有钱人的。

“谁人背后无人说，哪个人前不说人”是说被他人议论和议论他人在日常生活中是十分常见的，但背后议论别人是不好的行为，我们应该严于律己，做到“闲谈莫论人非”。

“有钱道真语，无钱语不真。不信但看筵中酒，杯杯先劝有钱人”表现了金钱在人际交往中的“魔力”，但这种金钱至上的观点是不正确的，更不值得提倡。人与人之间的交往应该以真诚为基础，要将心比心。

nào lǐ yǒu qián，jìng chù ān shēn。

闹里有钱，静处安身。

lái rú fēng yǔ，qù sì wēi chén。

来如风雨，去似微尘[1]。

经典注释

① 微尘：极细小的尘埃。

经典译文

在热闹的地方可以赚钱，在安静的地方可以修养身心。来的时候像风雨一样，去的时候像极细小的尘埃一样。

※宋 夏圭 长江万里图（局部）

cháng jiāng hòu làng tuī qián làng, shì shàng xīn rén gǎn jiù rén.
长江后浪推前浪，世上新人赶旧人。

jìn shuǐ lóu tái xiān dé yuè, xiàng yáng huā mù zǎo féng chūn.
近水楼台先得月，向阳[1]花木早逢[2]春。

mò dào jūn xíng zǎo, gèng yǒu zǎo xíng rén.
莫道君[3]行早，更有早行人。

经典注释

❶ 向阳：朝着太阳。 ❷ 逢：遇到。 ❸ 君：对对方的尊称。

经典译文

长江的后浪推涌着前浪，世上的新人赶超着旧人。靠近水边的楼台先得到月光照耀，朝着太阳的花木早逢春色。不要说自己走得最早，还有比你更早出发的人。

mò xìn zhí zhōng zhí, xū fáng rén bù rén.
莫信直[1]中直，须防仁不仁。

shān zhōng yǒu zhí shù, shì shàng wú zhí rén.
山中有直树，世上无直人。

经典注释

❶ 直：正直。

经典译文

不要相信那些说自己正直的人是真的正直，必须提防那些说自己仁义而并不仁义的人。山中有直立的大树，世上没有正直的人。

与人交往时不可轻信的做法是无可厚非的，但防备心过重也是一种负担。“世上无直人”的观点太绝对，对人性过于悲观。

zì hèn zhī wú yè，mò yuàn tài yáng piān。
自恨[1]枝无叶，莫怨太阳偏。

dà jiā dōu shì mìng，bàn diǎn bù yóu rén。
大家都是命，半点不由人。

经典注释

[1] 恨：怨恨。

经典译文

树木应该怨恨自己枝头不长叶子，不要抱怨太阳照得偏。每个人的一切都是命中注定的，一点也由不得自己控制。

“大家都是命，半点不由人”这种宿命论的观点是错误的，人有主观能动性，事在人为，人应该为了理想努力奋斗，而不是屈服于所谓的命运，浑浑噩噩地度过一生。

※元 王冕 南枝春早图

yì nián zhī jì zài yú chūn，
一年之计[1]在于春，

yí rì zhī jì zài yú yín。
一日之计在于寅[2]。

yì jiā zhī jì zài yú hé，
一家之计在于和，

yì shēng zhī jì zài yú qín。
一生之计在于勤。

经典注释

❶计：计虑，考虑。 ❷寅：寅时，十二时辰之一，三时至五时。

经典译文

对一整年的考虑在于春天，对一天的考虑在于寅时。一个家庭最重要的是和睦，人一生中最重要的是勤奋。

zé rén zhī xīn zé jǐ shù jǐ zhī xīn shù rén
责[1]人之心责己，恕己之心恕人。

shǒu kǒu rú píng fáng yì rú chéng
守口如瓶，防意如城。

nìng kě rén fù wǒ qiè mò wǒ fù rén
宁可人负我，切莫我负人。

zài sān xū shèn yì dì yī mò qī xīn
再三须慎意，第一莫欺心[2]。

经典注释

❶责：责备。 ❷欺心：自己欺骗自己，昧心。

经典译文

用指责别人的心来指责自己，用宽恕自己的心去宽恕别人。严守秘密，就像瓶子加了盖子一样；坚守意志，就像守城防敌一样。宁可别人对不起自己，也不要让自己对不起别人。做一件事情前应该反复考虑、认真对待，最重要的是不要自己欺骗自己。

经典故事

季札挂剑

春秋时期，吴国公子季札出使晋国，途中经过徐国，便顺道拜访了徐国的国君。两人谈得非常投机，徐国国君非常喜欢季札随身佩带的宝剑，但并没有说出口。季札从他的神色中看了出来，想到自己还要出使晋国，佩带宝剑是必要的礼节，所以没有立即把宝剑送给他。不过，季札在心里默默地承诺，将来一定要把这把宝剑赠送给徐国国君。

可惜，等到季札从晋国返回的时候，徐国国君已经去世了。季札便来到徐国国君的墓前，将宝剑悬挂在一旁的大树上，然后才安心离去。

经典拓展

1.“两人一般心，无钱堪买金”告诉我们要（　　）。

A. 珍惜时间　　B. 刻苦学习　　C. 坚持不懈　　D. 齐心协力

2. 你知道下列史书的作者分别是谁吗？请试着连一连。

纪传体国别史《三国志》　　司马光

编年体通史《资治通鉴》　　班　固

中国第一部纪传体通史《史记》　　陈　寿

中国第一部纪传体断代史《汉书》　　司马迁

有声朗读

dì èr piān

第二篇

hǔ shēng yóu kě jìn, rén shú bù kān qīn

虎生犹[1]可近，人熟不堪亲[2]。

lái shuō shì fēi zhě, biàn shì shì fēi rén

来说是非者，便是是非人。

经典注释

❶ 犹：尚且。　❷ 亲：亲近，亲密。

经典译文

生猛的老虎尚且可以接近，熟悉的人却不能亲密相处。凡是来议论是是非非之事的人，便是一个搬弄是非的人。

yuǎn shuǐ nán jiù jìn huǒ, yuǎn qīn bù rú jìn lín

远水难救近火，远亲不如[1]近邻。

经典注释

❶ 不如：比不上。

经典译文

离得很远的水源救不了近处的大火，远处的亲戚比不上近处的邻居。

※清　恽寿平　山水花卉神品册（局部）

yǒu chá yǒu jiǔ duō xiōng dì jí nàn hé céng jiàn yì rén
有茶有酒多兄弟，急难[1]何曾见一人。

rén qíng sì zhǐ zhāng zhāng báo shì shì rú qí jú jú xīn
人情似纸张张薄，世事如棋局局新。

shān zhōng yě yǒu qiān nián shù shì shàng nán féng bǎi suì rén
山中也有千年树，世上难逢百岁人。

经典注释

❶ **急难：** 犹危难。

经典译文

有茶有酒的时候有很多称兄道弟的朋友，危难之时却不曾见到一个人。人情就像纸，一张张都是薄的；世间之事就像下棋，每一局都是新的。山中有树龄超过千年的古树，世间却很难遇到百岁的老人。

“有茶有酒多兄弟，急难何曾见一人”说明酒肉朋友可以同富贵，却不能共患难，在危难面前他们难以对人施以援手，因此我们交友需谨慎，要结交可以同甘共苦的朋友。

lì wēi xiū fù zhòng yán qīng mò quàn rén
力微休负[1]重，言轻莫劝人。

wú qián xiū rù zhòng zāo nàn mò xún qīn
无钱休入众，遭难莫寻亲。

经典注释

❶ **负：** 承受，担负。

经典译文

力量微小就不要承担重任，说话没有分量就不要劝说别人。没有钱就不要去人多的地方，遭遇困难不要向亲戚求助。

“力微休负重，言轻莫劝人”是说人要有自知之明。“遭难莫寻亲”是劝我们遇到困难时要努力自救，但这并不意味着无论遇到什么事都要自己独自承担，超出自己能力范围的，应及时寻求他人的帮助。

píng shēng mò zuò zhòu méi shì shì shàng yīng wú qiè chǐ rén

平生莫作皱眉[1]事，世上应无切齿[2]人。

经典注释

❶ 皱眉：表示不悦的样子。 ❷ 切齿：极端痛恨的样子。

经典译文

一辈子不做令人不悦的事，世上就没有痛恨自己的人。

shì zhě guó zhī bǎo rú wéi xí shàng zhēn

士[1]者国之宝，儒[2]为席上珍。

经典注释

❶ 士：智者，贤者。 ❷ 儒：泛指读书人。

经典译文

士是国家的珍宝，儒者犹如宴席上的珍馐。

ruò yào duàn jiǔ fǎ xǐng yǎn kàn zuì rén

若要断酒[1]法，醒眼看醉人。

经典注释

❶ **断酒：** 戒酒。

经典译文

如果想要找到戒酒的方法，清醒时看看喝醉酒的人的丑态就可以了。

qiú rén xū qiú dà zhàng fu jì rén xū jì jí shí wú

求人须求大丈夫[1]，济[2]人须济急时无。

kě shí yì dī rú gān lù zuì hòu tiān bēi bù rú wú

渴时一滴如甘露，醉后添杯不如无。

经典注释

❶ **大丈夫：** 有志气、有节操、有作为的男子。 ❷ **济：** 救助。

经典译文

求人帮忙一定要求乐于助人的大丈夫，救助别人一定要救助急需帮助的人。干渴时一滴水也像甘露一样甜美，喝醉后继续添杯还不如不添。

jiǔ zhù lìng rén xián pín lái qīn yě shū

久住令人嫌，频[1]来亲也疏。

※五代 顾闳中（宋摹本） 韩熙载夜宴图（局部）

经典注释

❶ **频**：屡次，接连。

经典译文

长时间住在别人家里会令人厌烦，频繁来往，亲人之间也会疏远。

jiǔ zhōng bù yǔ zhēn jūn zǐ, cái shàng fēn míng dà zhàng fu

酒中不语真君子，财上分明[1]大丈夫。

经典注释

❶ **分明**：清楚，明确。

经典译文

喝酒时不胡言乱语才是真君子，钱财方面清清楚楚才是大丈夫。

chū jiā rú chū, chéng fó yǒu yú

出家[1]如初，成佛有余。

经典注释

❶ **出家**：佛教指脱离家庭到寺院当僧人。

经典译文

像刚出家时那样内心虔诚，就很容易成佛了。

这里的出家和成佛是对佛教徒而言的，对我们普通人来说，要做到的是坚定目标，不忘初心。

jī jīn qiān liǎng bù rú míng jiě jīng shū
积金千两，不如明解经书[1]。

yǎng zǐ bú jiào rú yǎng lǘ yǎng nǚ bú jiào rú yǎng zhū
养子不教如养驴，养女不教如养猪。

yǒu tián bù gēng cāng lǐn xū yǒu shū bù dú zǐ sūn yú
有田不耕仓廪[2]虚，有书不读子孙愚。

cāng lǐn xū xī suì yuè fá zǐ sūn yú xī lǐ yì shū
仓廪虚兮岁月乏，子孙愚兮礼义疏。

tóng jūn yì xí huà shèng dú shí nián shū
同君一席话，胜读十年书。

rén bù tōng jīn gǔ mǎ niú rú jīn jū
人不通今古，马牛如襟裾[3]。

※宋 刘松年 山馆读书图

经典注释

❶ **经书：** 指儒家经典。 ❷ **仓廪：** 贮藏米谷的仓库。 ❸ **襟裾：** 借指衣裳。

经典译文

积蓄千两黄金，不如明晓儒家经典。养育子女却不教导他们，就如同养驴、养猪。有田地却不耕种，贮藏米谷的仓库就会空虚；有藏书却不读，子孙就会愚笨。粮仓空虚，生活就匮乏；子孙愚笨，就会不懂得礼义。和有学问、见识广的人交谈一次，收获胜过读十年书。人不通晓古今各种知识，就像马、牛穿了人的衣服。

máng máng sì hǎi rén wú shù，nǎ ge nán ér shì zhàng fu。
茫茫四海[1]人无数，哪个男儿是丈夫。

bái jiǔ niàng chéng yuán hào kè，huáng jīn sàn jìn wèi shōu shū。
白酒酿成缘[2]好客，黄金散尽为收书。

jiù rén yí mìng，shèng zào qī jí fú tú。
救人一命，胜造七级浮屠[3]。

chéng mén shī huǒ，yāng jí chí yú。
城门失火，殃及池[4]鱼。

经典注释

❶四海：指天下。 ❷缘：因为。 ❸浮屠：佛塔。 ❹池：护城河。

经典译文

普天之下有无数的人，其中有几个男儿是真正的大丈夫呢？酿好白酒是因为好客，散尽黄金是为了买书收藏。救人一条命，胜过建造七层佛塔的功德。城门着了火，护城河里的鱼也会受牵连。

建造佛塔是佛教徒修德的方式之一，七层佛塔则是最高等级的佛塔，然而“救人一命，胜造七级浮屠”，这告诉我们，生命至上，当他人的生命受到威胁时，我们应该施以援手，任何漠视生命的行为都该受到谴责。

tíng qián shēng ruì cǎo hǎo shì bù rú wú
庭前生瑞草[1]，好事不如无。

yù qiú shēng fù guì xū xià sǐ gōng fu
欲求生富贵，须下死工夫。

bǎi nián chéng zhī bù zú yí dàn bài zhī yǒu yú
百年成之不足，一旦[2]败[3]之有余。

经典注释

❶ 瑞草：古代以为吉祥之草。 ❷ 一旦：一时。 ❸ 败：毁坏。

经典译文

庭院前面长出了瑞草，这样的好事还不如没有。要想获得一生的富贵，必须要拼命努力。一件事一百年也不一定能办成，毁坏起来一时都绰绰有余。

rén xīn sì tiě guān fǎ rú lú
人心似铁，官法[1]如炉。

shàn huà bù zú è huà yǒu yú
善化不足，恶化有余。

经典注释

❶ 官法：国家的法规、法度、法律。

经典译文

人心就像铁一样，国家的法律法规就像熔炉。向善的教化不够，向恶的变化就容易发生。

shuǐ zhì qīng zé wú yú, rén zhì chá zé wú tú
水至清则无鱼，人至察则无徒[1]。

zhì zhě jiǎn bàn, xǐng zhě quán wú
知[2]智者减半，省[3]者全无。

经典注释

❶徒：众。 ❷知：同“智”。 ❸省：觉悟，醒悟。

经典译文

水过分清澈就不会有鱼，人过于明察就没有朋友。世上聪明人减少一半，醒悟的人就没有了。

zài jiā yóu fù, chū jiā cóng fū
在家由[1]父，出家从夫。

chī rén wèi fù, xián nǚ jìng fū
痴人[2]畏妇，贤女敬夫。

经典注释

❶由：遵从。 ❷痴人：愚笨的人。

经典译文

（女子）未出嫁时听从父亲的话，出嫁以后听从丈夫的话。愚笨的人惧怕妻子，贤惠的女子尊敬丈夫。

“在家由父，出家从夫”是古代社会对女子的束缚与剥削，这种观念应当摒弃。女子也有自己的独立人格，不是其父亲、丈夫的附属品。

“痴人畏妇，贤女敬夫”的想法是古代社会落后的男尊女卑的观念导致的，现代社会提倡男女平等，夫妻在婚姻家庭中地位平等，夫妻之间应互敬互爱、互谅互让。

shì fēi zhōng rì yǒu bù tīng zì rán wú
是非终日有，不听自然无。

nìng kě zhèng ér bù zú bù kě xié ér yǒu yú
宁可正而不足，不可邪[1]而有余。

nìng kě xìn qí yǒu bù kě xìn qí wú
宁可信其有，不可信其无。

经典注释

❶ **邪：** 不正，不正派。

经典译文

对对错错的事每天都会发生，不去理它，自然就不会为此烦恼。宁可正直而生活贫苦，也不能靠邪曲而生活富足。（有些事）宁可相信它存在，也不能相信它不存在。

zhú lí máo shè fēng guāng hǎo dào yuàn sēng táng zhōng bù rú
竹篱[1]茅舍风光好，道院僧堂[2]终不如。

mìng lǐ yǒu shí zhōng xū yǒu mìng lǐ wú shí mò qiǎng qiú
命里有时终须有，命里无时莫强求。

dào yuàn yíng xiān kè shū táng yǐn xiāng rú
道院迎仙客，书堂[3]隐相儒。

tíng zāi qī fèng zhú chí yǎng huà lóng yú
庭栽栖凤竹，池养化龙鱼。

经典注释

❶ **竹篱：** 用竹编的篱笆。 ❷ **僧堂：** 禅堂，禅房，泛指寺院。 ❸ **书堂：** 书房。

经典译文

竹篱茅舍风光优美，道院、寺庙终究是比不上的。命中注定有的终究会得到，命中注定没有的不要勉强求取。道院里迎送的是仙人般气质超凡的宾客，书房里隐居的是有治国之才的读书人。庭院里栽着供凤凰栖息的竹子，池塘里养着可以化为龙的鱼。

※清　李鱓　花鸟册

“命里有时终须有，命里无时莫强求”的观点带有宿命论的色彩，否定了人的主观能动性。人不应该听天由命，要相信事在人为，积极进取。另一方面，这两句也蕴含顺其自然、量力而为的思想，有一定的参考意义。

jié jiāo xū shèng jǐ，sì wǒ bù rú wú。

结交[1]须胜[2]己，似我不如无。

dàn kàn sān wǔ rì，xiāng jiàn bù rú chū。

但看三五日，相见不如初。

经典注释

①结交：与人交往。　②胜：胜过，超过。

经典译文

与人交往一定要找比自己优秀的，与自己一样的朋友还不如没有。仅仅相处三五天，见面时感觉就不如初识时般美好了。

与朋友交往重要的是真诚，要善于发现朋友的闪光点，相互学习，共同进步。

经典故事

大义灭亲

战国时，墨家大师腹䵍（tūn）的儿子杀了人。有人把这件事报告到秦惠王那里，秦惠王考虑到腹䵍德高望重，而且年事已高，就这么一个儿子，要是依法处决，恐怕会引起天下震动，便传令释放了腹䵍的儿子。腹䵍知道后，便训斥儿子道：“你这逆子，竟敢行凶杀人，触犯国法，把我平日的教导忘得一干二净。你马上和我去见国君，向他认罪。”腹䵍的老伴流泪哀求，腹䵍也伤心得掉下眼泪。他对妻子说：“送儿子去伏法，我心里也不好受。但他行凶杀人，触犯了国法，有法不依的话，必然会损害国家的利益。咱们应顾全大义，自觉守法。”

腹䵍领着儿子向秦惠王认罪，秦惠王只得依法下令处死了腹䵍的儿子。

经典拓展

1. 照样子，请写出几个含有“是”“非”二字的成语，并选择其中的一个造句。

明辨是非 ____________ ____________ ____________

____

2. “水至清则无鱼，人至察则无徒”中“徒”的意思是（　　）。

A. 步行　　B. 徒然，白白地

C. 众　　D. 弟子，门徒

有声朗读

dì sān piān

第三篇

rén qíng sì shuǐ fēn gāo xià，shì shì rú yún rèn juǎn shū。

人情[1]似水分高下，世事如云任[2]卷舒。

经典注释

❶人情：人与人的情分。 ❷任：任凭，听凭。

经典译文

人与人的情分像水一样，有高下之分；世间的事像云一样，卷起又舒展开，变化无常。

huì shuō shuō dōu shì，bú huì shuō wú lǐ。

会说说都是[1]，不会说无礼[2]。

经典注释

❶是：正确。 ❷无礼：不循礼法，没有礼貌。

经典译文

会说话的人让人觉得说什么都是对的，不会说话的人让人觉得不懂礼法。

mó dāo hèn bú lì，dāo lì shāng rén zhǐ。

磨刀恨[1]不利，刀利伤人指。

qiú cái hèn bù dé，cái duō hài zì jǐ。

求财恨不得，财多害自己。

※清 石涛 山水花卉图册（局部）

zhī zú cháng zú, zhōng shēn bù rǔ

知足常足，终身[2]不辱。

zhī zhǐ cháng zhǐ, zhōng shēn bù chǐ

知止常止，终身不耻。

yǒu fú shāng cái, wú fú shāng jǐ

有福伤财，无福伤己。

经典注释

❶ 恨：遗憾，担心。 ❷ 终身：一生。

经典译文

磨刀的时候总担心刀磨得不够锋利，当刀过于锋利时会割伤手指。求财的时候总担心得不到，钱财太多会给自己招来祸患。知道满足就能常常感到满足，就会一辈子不受辱。懂得适可而止就能常常做到适可而止，一辈子不会遭受耻辱。（遭遇不幸时，）有福气的人损失钱财，没福气的人伤及自身。

“有福伤财，无福伤己”，俗话说破财消灾，遭遇不幸时，不执着于钱财等身外之物，首先考虑保全自身，这才是真正的“有福”。

chā zhī háo lí, shī zhī qiān lǐ

差之毫厘[1]，失之千里。

ruò dēng gāo bì zì bēi, ruò shè yuǎn bì zì ěr

若登高必自[2]卑[3]，若涉远必自迩[4]。

sān sī ér xíng, zài sī kě yǐ

三思[5]而行，再思可矣。

shǐ kǒu bù rú zì zǒu, qiú rén bù rú qiú jǐ

使口不如自走，求人不如求己。

经典注释

❶**毫厘：**比喻极微细。❷**自：**从。❸**卑：**低。❹**迩：**近。❺**三思：**再三思考。

经典译文

差错虽然只有毫厘，却会令结果相差千里。如果要登高，必定要从低处开始；如果要远行，必定要从近处起步。做事之前再三思考，其实思考两次就够了。光动嘴巴叫别人做事不如自己动腿去做，央求别人不如依靠自身。

xiǎo shí shì xiōng dì， zhǎng dà gè xiāng lǐ。
小时是兄弟，长大各乡里[①]。

dù cái mò dù shí， yuàn shēng mò yuàn sǐ。
妒财莫妒食，怨生莫怨死。

经典注释

❶**乡里：**泛指乡民聚居的基层单位。

经典译文

小时候是亲密的兄弟，长大后各安他乡。嫉妒他人的财物，不要嫉妒他人的食物；怨恨活着的人，不要怨恨死者。

rén jiàn bái tóu chēn， wǒ jiàn bái tóu xǐ。
人见白头嗔[①]，我见白头喜。

duō shao shào nián wáng， bú dào bái tóu sǐ。
多少少年亡，不到白头死。

经典注释

❶**嗔：**发怒，生气。

※清 邹一桂 花卉八开

经典译文

别人见到头上长出白发就发怒，我见到头上长出白发却高兴。多少人年纪轻轻就死去，还没等到头发变白。

qiáng yǒu fèng bì yǒu ěr
墙有缝[1]，壁有耳。

hǎo shì bù chū mén è shì chuán qiān lǐ
好事不出门，恶事传千里。

经典注释

❶ **缝：** 空隙，裂缝。

经典译文

墙上有裂缝，墙壁后面可能会有偷听的耳朵。好事不容易传出门，坏事却可以迅速远传千里。

zéi shì xiǎo rén zhì guò jūn zǐ
贼是小人[1]，知[2]过君子[3]。
智

jūn zǐ gù qióng xiǎo rén qióng sī làn yě
君子固[4]穷[5]，小人穷斯[6]滥[7]也。

pín qióng zì zài fù guì duō yōu
贫穷自在，富贵多忧。

bù yǐ wǒ wéi dé fǎn yǐ wǒ wéi chóu
不以我为德，反以我为仇。

nìng xiàng zhí zhōng qǔ bù kě qū zhōng qiú
宁向直中取，不可曲中求。

经典注释

❶小人：人格卑鄙的人。 ❷知：同“智”。 ❸君子：才德出众的人。❹固：安守，坚守。 ❺穷：困厄，困窘。 ❻斯：则，就。 ❼滥：没有操守，胡作非为。

经典译文

贼是品德低下的人，但他们的智谋有时却超过才德出众的人。才德出众的人在困厄的时候也能坚守自己的节操，品德低下的人困厄时就会胡作非为。贫穷的人自在，富贵的人有很多忧虑。不感念我的恩德，反而把我当作仇人。宁可用正当的方法取得，也不用不正当的方法求取。

rén wú yuǎn lǜ, bì yǒu jìn yōu.
人无远虑，必有近忧。

zhī wǒ zhě wèi wǒ xīn yōu, bù zhī wǒ zhě wèi wǒ hé qiú.
知[1]我者谓我心忧，不知我者谓我何求。

qíng tiān bù kěn qù, zhǐ dài yǔ lín tóu.
晴天不肯去，只[2]待雨淋头。

经典注释

❶知：了解。 ❷只：一直，直到。

经典译文

一个人要是没有长远的打算，就一定会有近在眼前的忧患。了解我的人说我内心忧愁，不了解我的人问我还有什么期求。天晴的时候不去做，一直等到大雨淋头才开始做。

chéng shì mò shuō fù shuǐ nán shōu
成事[1]莫说，覆水[2]难收。

shì fēi zhǐ wèi duō kāi kǒu
是非只为多开口，

fán nǎo jiē yīn qiáng chū tóu
烦恼皆因强出头。

rěn de yì shí zhī qì
忍得一时之气，

miǎn de bǎi rì zhī yōu
免得百日之忧。

jìn lái xué dé wū guī fǎ
近来学得乌龟法，

dé suō tóu shí qiě suō tóu
得缩头时且缩头。

jù fǎ zhāo zhāo lè
惧法朝朝[3]乐，

qī gōng rì rì yōu
欺公[4]日日忧。

※明 宋旭 松壑幽居图

经典注释

❶ **成事：** 已成之事。 ❷ **覆水：** 已倒出的水。 ❸ **朝朝：** 每天。 ❹ **公：** 国家，朝廷，公家。

经典译文

已成之事就不要再说了，已倒出的水难以再收回来。是非纠纷只是因为说太多话，烦恼都是逞强出头导致的。忍住一时的怒气，能免去一百天的烦忧。最近学到了乌龟的处事之法，该缩头退让的时候就缩头退让。敬畏法律的人天天都很快乐，违法的人天天都在担忧。

rén shēng yí shì cǎo shēng yì chūn
人生一世[1]，草生一春。

hēi fà bù zhī qín xué zǎo kàn kan yòu shì bái tóu wēng
黑发不知勤学早，看看又是白头翁。

yuè dào shí wǔ guāng míng shǎo rén dào zhōng nián wàn shì xiū
月到十五光明[2]少，人到中年万事休。

经典注释

❶一世：一生，一辈子。 ❷光明：光亮。

经典译文

人只能活一辈子，草只能生长一个春天。黑发少年不知道勤奋学习，转眼之间就变成白发老人了。月亮过了农历十五光亮就渐渐减少，人到了中年后就不会再有大作为了。

中年人通常身体强壮、精力充沛、心智成熟，中年称得上人一生中的黄金时期，因而“人到中年万事休”的观点显得消极颓废。人生有无限可能，不应该被年龄束缚住，无论什么年纪，人都要坚持学习、积极进取，为未来积攒能量。

ér sūn zì yǒu ér sūn fú mò wèi ér sūn zuò mǎ niú
儿孙自有儿孙福，莫为儿孙作马牛。

rén shēng bù mǎn bǎi cháng huái qiān suì yōu
人生不满百，常怀[1]千岁忧。

经典注释

❶ **怀：** 指心中存有。

经典译文

儿孙自有他们自己的福气，不要为了儿孙当牛做马事事操心。人很难活到一百岁，内心却常常怀有千年之后的忧虑。

jīn zhāo yǒu jiǔ jīn zhāo zuì míng rì chóu lái míng rì yōu
今朝有酒今朝醉，明日愁来明日忧。

lù féng xiǎn chù nán huí bì shì dào tóu lái bú zì yóu
路逢险处难回避[1]，事到头来不自由[2]。

yào néng yī jiǎ bìng jiǔ bù jiě zhēn chóu
药能医假病，酒不解真愁。

经典注释

❶ **回避：** 躲避，避让。 ❷ **自由：** 由自己做主。

※唐 韩滉 五牛图

经典译文

今天有酒就今天喝醉，明天的忧愁明天再忧心。走路遇到危险的地方难以避开，事情要发生时就不由自己做主了。药物可以治好假装的病症，酒不能消除真正的忧愁。

“今朝有酒今朝醉，明日愁来明日忧”反映了及时行乐的观念，是一种消极的处世态度。孔子说“人无远虑，必有近忧”，人既要把握当下，也要放眼未来，为未来做好准备。

“路逢险处难回避，事到头来不自由”也是一种消极的想法，带有宿命论的色彩。我们做事之前应该充分准备，留有回旋的余地，若是事情的发展超出预期，也不能任其发展下去，而要积极应对。

rén píng bù yǔ ， shuǐ píng bù liú 。
人平不语，水平不流。

yì jiā yǒu nǚ bǎi jiā qiú ， yì mǎ bù xíng bǎi mǎ yōu 。
一家有女百家求，一马不行百马忧。

yǒu huā fāng zhuó jiǔ ， wú yuè bù dēng lóu 。
有花方酌[1]酒，无月不登楼。

sān bēi tōng dà dào ， yí zuì jiě qiān chóu 。
三杯通大道，一醉解千愁。

shēn shān bì jìng cáng měng hǔ ， dà hǎi zhōng xū nà xì liú 。
深山毕竟[2]藏猛虎，大海终须纳细流。

经典注释

❶酌：喝酒。 ❷毕竟：必定。

经典译文

人被公平对待就不会议论，水处在同一平面就不会流动。一家有女儿，百家都来求娶；一匹马不能行走，百匹马都会忧愁不前。有花可赏才喝酒，没有月亮就不登楼。喝三杯酒就能通晓高深的道理，大醉一场可以消除千种愁绪。深山里必定藏着凶猛的老虎，大海终究会容纳细小的水流。

“一醉解千愁”不是真的解愁，而是让人暂时忘却忧愁，正如前文所说“酒不解真愁”，李白也说过“举杯消愁愁更愁”。并且饮酒既不利于身体健康，醉酒后还可能说出不当的话、做出不当的行为等。

xī huā xū jiǎn diǎn ài yuè bù shū tóu
惜花须检点①，爱月不梳头。
dà dǐ xuǎn tā jī gǔ hǎo bù cā hóng fěn yě fēng liú
大抵②选他肌骨③好，不擦红粉④也风流⑤。

经典注释

❶ 检点：约束，慎重。 ❷ 大抵：大概。 ❸ 肌骨：肌肉与骨骼。 ❹ 红粉：妇女化妆用的胭脂和铅粉。 ❺ 风流：风韵美好动人。

经典译文

爱惜花就应该约束自己，喜爱月色就不要梳头。大概是她身形、容貌好，不涂抹脂粉也风韵动人。

shòu ēn shēn chù yí xiān tuì dé yì nóng shí biàn kě xiū
受恩①深处宜②先退，得意③浓时便可休。
mò dài shì fēi lái rù ěr cóng qián ēn ài fǎn wéi chóu
莫待是非来入耳，从前恩爱反为仇。
liú dé wǔ hú míng yuè zài bù chóu wú chù xià jīn gōu
留得五湖明月在，不愁无处下金钩。

xiū bié yǒu yú chù，mò liàn qiǎn tān tóu。

休别有鱼处，莫恋浅滩头。

qù shí zhōng xū qù，zài sān liú bú zhù。

去时终须去，再三留不住。

经典注释

❶ **受恩：** 受到恩惠。 ❷ **宜：** 应当，应该。 ❸ **得意：** 得志。

经典译文

深受他人宠爱时应该先退让，志得意满时就可以停止了。不要等到是是非非传入耳中的时候，（那时）从前的宠爱反而变成仇怨了。只要那倒映明月的五湖在，就不愁没有地方下钓鱼钩。不要离开有鱼的地方，不要贪恋水浅的滩头。该离开时终究会离开，再三挽留也留不住。

“去时终须去，再三留不住”一方面教人学会放下，坦然面对得失；另一方面也带有宿命论的色彩，有消极处事之嫌。

※近现代 齐白石 石门二十四景·古树归鸦图（局部）

rěn yí jù，xī yí nù，ráo yì zhāo，tuì yí bù。

忍一句，息一怒，饶[1]一着[2]，退一步。

经典注释

❶ **饶：** 饶恕，宽容。 ❷ **着：** 下棋落子，走一步叫一着。

经典译文

忍住少说一句话，平息一时的愤怒，让人一着，退让一步。

适当的忍让可以帮助人们和谐相处，但忍让也要有限度，忍让不是软弱，对于超出法律和道德底线的事情，坚决不能退让。

sān shí bù háo sì shí bú fù
三十不豪[1]，四十不富，
wǔ shí jiāng lái xún sǐ lù
五十将来寻死路。

经典注释

❶ **豪：** 豪放，豪迈。

经典译文

三十岁的时候没有豪情，四十岁的时候仍不富有，五十岁到来时就接近死亡了。

虽然五十岁就接近死亡的说法失之偏颇，但这一则仍令人警醒。“少壮不努力，老大徒伤悲”，人年轻时应该积极进取，努力成就一番事业，实现自己的人生价值，这样在晚年时才能不因虚度年华而悔恨，不因碌碌无为而羞耻。

shēng bú lùn hún sǐ bú rèn shī
生不论魂，死不认尸。
fù mǔ ēn shēn zhōng yǒu bié fū qī yì zhòng yě fēn lí
父母恩深终有别，夫妻义重也分离。
rén shēng sì niǎo tóng lín sù dà xiàn lái shí gè zì fēi
人生似鸟同林宿，大限[1]来时各自飞。

经典注释

❶ **大限：** 死期，寿数。

经典译文

人活着的时候不考虑自己的魂魄，人死后不认识自己的尸体。父母恩情深重但终有离开我们的时候，夫妻之间情意深厚也有分离的时候。人就像鸟儿一样在同一片树林里生活，死期一到就会各自离开。

古人想象人的精神能离开形体而存在，认为人有灵魂，人死后灵魂离开身体进入轮回，所以有“生不论魂，死不认尸”的说法。这反映了生死的局限性，而我们应该珍惜生命，在有限的生命里努力奋斗、有所作为。

rén shàn bèi rén qī mǎ shàn bèi rén qí
人善被人欺，马善被人骑。

rén wú hèng cái bú fù mǎ wú yè cǎo bù féi
人无横财①不富，马无夜②草不肥。

rén è rén pà tiān bú pà rén shàn rén qī tiān bù qī
人恶人怕天不怕，人善人欺天不欺。

shàn è dào tóu zhōng yǒu bào zhǐ zhēng lái zǎo yǔ lái chí
善恶到头终有报，只争来早与来迟。

huáng hé shàng yǒu chéng qīng rì qǐ kě rén wú dé yùn shí
黄河尚有澄清③日，岂可人无得运时。

※元 赵孟頫 花溪浴马图（局部）

经典注释

❶ **横财**：意外得来的财物。多指用不正当的手段得来的。 ❷ **夜**：有的版本写作“野”。 ❸ **澄清**：清澈。

经典译文

人太善良就会被人欺负，马太温顺就会被人驾驭。人没有意外之财就不会富有，马不在夜里吃草料就不会肥壮。恶人有人怕他，天却不怕他；善人被人欺负，天却不会欺负他。积善或者作恶最终都会有报应，只是来得早或来得迟罢了。黄河的水尚且有变得清澈的那天，人怎么会没有交好运的时候呢。

“人善被人欺”，善良是一种美好的品质，“被人欺”与“人善”没有必然关系，但善良不能没有底线，我们要学会自我保护，不能因为善良而危害自身。

横财带来的富是不义之富，甚至可能触犯法律，我们应该向孔子学习，做到“不义而富且贵，于我如浮云”。

“人恶人怕天不怕，人善人欺天不欺。善恶到头终有报，只争来早与来迟”的观点带有宿命论的色彩，没有科学依据，但其本意是劝人向善。现代社会应该建立良好的社会机制，健全法律法规，以实现惩恶扬善的目的。

经典故事

再思可矣

季文子是春秋时鲁国大夫，姓季孙，谥（shì）号为文。他做事非常谨慎，一件事情总是想了又想才做。孔子听说他这种做事的态度，便说道：“考虑两次，就可以了。”

对于这句话，有人解释为：“做事情要特别谨慎，想三次都不够，一定要再想一次呀！”这种解释是不对的。实际上，孔子认为季文子想得太多。做人做事诚然要小心谨慎，但考虑太多，就可能会犹豫不决，而不会去做了。

经典拓展

1. 根据本篇内容填空。

（1）若登高必______，若涉远必______。

（2）知我者谓我______，不知我者谓我______。

（3）人生______，草生______。

（4）______一句，______一怒，______一着，______一步。

2. “不愁无处下金钩”的上一句是（　　）。

A. 深山毕竟藏猛虎　　B. 黄河尚有澄清日

C. 留得五湖明月在　　D. 路逢险处难回避

3. “____________，____________”告诉我们在生活和学习中要时刻保持谨慎的态度，避免因为很小的差错导致很大的错误。

4. “____________，____________”告诉我们要有长远的打算，不然会有近在眼前的忧患。

5. “好事不出门，恶事传千里”运用了什么修辞手法？请你再写一个使用这种修辞手法的句子。

有声朗读

dì sì piān
第四篇

dé chǒng sī rǔ ān jū lǜ wēi
得宠思辱，安居虑危。

niàn niàn yǒu rú lín dí rì xīn xīn cháng sì guò qiáo shí
念念有如临敌[1]日，心心常似过桥时。

经典注释

❶ **临敌：**面对敌人。

经典译文

得到宠爱时要想到可能会遭受屈辱，处境安逸时要想到可能会有危险。思想上像面对敌人那样保持警惕，心理上像过独木桥那样小心谨慎。

yīng xióng xíng xiǎn dào fù guì sì huā zhī
英雄行险道，富贵似花枝[1]。

rén qíng mò dào chūn guāng hǎo zhǐ pà qiū lái yǒu lěng shí
人情莫道春光好，只怕秋来有冷时。

经典注释

❶ **花枝：**开有花的枝条。

经典译文

英雄走的是充满危险的路，富贵就像枝条上的鲜花。不要说人与人的情分像春光一样美好，只怕也有像秋天到来那样冷清的时候。

sòng jūn qiān lǐ zhōng xū yì bié

送君千里[1]，终须一别。

经典注释

❶ **千里：** 指路途遥远。

经典译文

送得再远，终究还是要分别。

dàn jiāng lěng yǎn kàn páng xiè kàn nǐ héng xíng dào jǐ shí

但[1]将冷眼[2]看螃蟹，看你横行到几时。

经典注释

❶ **但：** 只，仅。 ❷ **冷眼：** 冷漠、轻蔑的眼光。

经典译文

只需用冷漠的眼光看待螃蟹，看它能横行霸道到什么时候。

jiàn shì mò shuō wèn shì bù zhī

见事莫说，问事不知。

xián shì xiū guǎn wú shì zǎo guī

闲事休[1]管，无事早归。

※明　沈周　京江送别图

经典注释

❶ **休：** 不要。

经典译文

看见事情不要表达意见，有人询问事情要表示自己什么都不知道。不要多管闲事，没什么事就早点回家。

这一则说的是明哲保身，这样做虽能避免一些麻烦，却是一种消极的处世态度。我们作为社会的一分子，要积极地履行义务，这样才能享受应得的权利。

jiǎ duàn rǎn jiù zhēn hóng sè，yě bèi páng rén shuō shì fēi。
假缎染就真红色，也被旁人说是非。

shàn shì kě zuò，è shì mò wéi。
善事可作，恶事莫为。

xǔ rén yí wù，qiān jīn bù yí。
许[1]人一物，千金不移[2]。

lóng shēng lóng zǐ，hǔ shēng hǔ ér。
龙生龙子，虎生虎儿。

lóng yóu qiǎn shuǐ zāo xiā xì，hǔ luò píng yáng bèi quǎn qī。
龙游浅水遭虾戏，虎落平阳[3]被犬欺。

经典注释

❶ **许：** 应允给予。　❷ **移：** 改变。　❸ **平阳：** 平地。

经典译文

假的绸缎即使染上真绸缎那样的红色，也还是会被别人议论。好事要做，坏事不要做。许诺给别人的东西，即使给我千两金子也不换。龙生的孩子是龙，虎生的孩子是虎。龙游到浅水里会遭到虾的戏弄，虎在平坦的地方会遭到狗的欺辱。

yì jǔ shǒu dēng lóng hǔ bǎng shí nián shēn dào fèng huáng chí
一举首登龙虎榜[1]，十年身到凤凰池[2]。

shí nián chuāng xià wú rén wèn yì jǔ chéng míng tiān xià zhī
十年窗下无人问，一举成名天下知。

经典注释

❶ **龙虎榜：** 这里指朝廷公布的科举录取名单。 ❷ **凤凰池：** 中书省，也指宰相职位。

经典译文

参加科举考试，一旦被录取，十年之后就能成为中书省的官员。在窗下苦读十年都没有人过问，一朝科举高中就会名扬天下。

这一则说的是科举考试中选之后的种种“荣耀”，古代的科举考试将读书与做官直接联系起来，令读书的功利性极强。这种读书观现在并不提倡，但这几句对鼓励我们勤学苦读仍有积极意义。

jiǔ zhài xún cháng xíng chù yǒu rén shēng qī shí gǔ lái xī
酒债[1]寻常[2]行处有，人生七十古来稀[3]。

经典注释

❶酒债：因赊饮所负的债。 ❷寻常：平常，普通。 ❸稀：少，不多。

经典译文

（对爱喝酒的人而言）酒债是寻常的事，哪里都有，人活到七十岁自古以来都很少。

这两句出自唐代诗人杜甫的《曲江二首》，原诗有诗人年事已高应及时行乐的意思，现在这两句常用来形容高寿不易。

yǎng ér dài lǎo， jī gǔ fáng jī。
养儿待①老，积②谷防饥。

jī tún gǒu zhì zhī chù， wú shī qí shí。
鸡豚③狗彘④之畜，无失其时。

shù kǒu zhī jiā， kě yǐ wú jī yǐ。
数口之家，可以无饥矣。

cháng jiāng yǒu rì sī wú rì， mò bǎ wú shí dāng yǒu shí。
常将有日思无日，莫把无时当有时。

经典注释

❶待：防备。 ❷积：积聚，贮藏。 ❸豚：泛指猪。 ❹彘：猪。

经典译文

养儿子是防备老了没人照顾，贮藏粮食是防备遇上饥荒之年。鸡、狗、

※清 沈铨 百鸟朝凤图（局部）

猪等家畜，不要错过它们繁殖的时间。这样几口人的家庭，就可以避免挨饿了。要常常在富有的时候想到贫穷的时候，不要在贫穷的时候还像富有时那样生活。

“养儿待老”在古代往往特指生养儿子以求老有所依，因为古代社会重男轻女，通常认为女儿迟早要出嫁而成为别人家的人。现代社会提倡男女平等，法律规定成年的儿女都对父母有赡养扶助的义务，而且社会养老体系日益完善，人们不必再执着于“养儿待老”了。

※清　任伯年　桃花双鸡图

shí lái fēng sòng téng wáng gé yùn qù léi hōng jiàn fú bēi
时来风送滕王阁[1]，运去雷轰荐福碑[2]。

经典注释

❶ **滕王阁**：在今江西南昌。王勃曾写《滕王阁序》。 ❷ **荐福碑**：唐代书法家欧阳询所书。相传一书生穷困潦倒，本想拓印荐福碑文出售来糊口，荐福碑却被雷击碎。

经典译文

时运来了，会像王勃那样被风送到滕王阁（而写出千古名篇）；时运没了，想拓印碑文，荐福碑却被雷击碎。

一个人成功与否，不是运气决定的。所谓运气，就是人遇到的各种各样的机会，只有时刻做好准备的人，才能在机会来临时抓住它，成就一番事业。

rù mén xiū wèn róng kū shì， guān kàn róng yán biàn dé zhī。
入门休问荣枯事，观看容颜便得知。

guān qīng shū lì shòu， shén líng miào zhù féi。
官清书吏[1]瘦，神灵庙祝[2]肥。

经典注释

❶ **书吏：** 承办文书的吏员。 ❷ **庙祝：** 庙宇中管香火的人。

经典译文

进了别人家门，不要打听别人的家业荣枯之类的事，观察他们的容貌气色就可以知道。官员清廉，他手下的小吏就会清瘦；庙里的神明灵验，管香火的人就会肥胖。

xī què léi tíng zhī nù， bà què hǔ láng zhī wēi。
息[1]却雷霆之怒[2]，罢却虎狼之威。

ráo rén suàn rén zhī běn， shū rén suàn rén zhī jī。
饶人算人之本，输人算人之机[3]。

hǎo yán nán dé， è yǔ yì shī。
好言难得，恶语易施。

yì yán jì chū， sì mǎ nán zhuī。
一言[4]既[5]出，驷马[6]难追。

经典注释

❶ **息：** 停止，停息。 ❷ **雷霆之怒：** 指暴怒。
❸ **机：** 事物的关键。 ❹ **一言：** 一句话，一番话。
❺ **既：** 已经。 ❻ **驷马：** 驾一车的四马。

※清 高其佩 指画·白马

经典译文

平息雷霆般的怒气，收起虎狼般的威风。宽恕别人算是做人的根本，输给别人算是做人的关键。好话很难听到，不好听的话却容易说出口。一句话已经说出来了，哪怕用四匹马拉的车子也是很难追上的。

dào wú hǎo zhě shì wú zéi dào wú è zhě shì wú shī
道吾好者是吾贼[1]，道吾恶者是吾师。

lù féng xiá kè xū chéng jiàn bú shì cái rén mò xiàn shī
路逢侠客须呈剑，不是才人[2]莫献诗[3]。

sān rén tóng xíng bì yǒu wǒ shī yān
三人同行，必有我师焉[4]，

zé qí shàn zhě ér cóng zhī qí bú shàn zhě ér gǎi zhī
择其善者而从之，其不善者而改之。

经典注释

❶贼：害。 ❷才人：有才能的人，有才情的人。 ❸献诗：进献诗作。古代多用以示讽谏或歌颂。 ❹焉：于此，意思是“在其中”。

经典译文

说我好话的人是害我的人，说出我的缺点的人是我的老师。路上遇到侠客就呈上自己的佩剑，对方不是有诗才的人就不要向他进献诗作。几个人一起走路，其中必定有可以作为我的老师的人，选择他的优点长处跟从（学习），看到他们的缺点（如果自己也有）就要改正。

shào zhuàng bù nǔ lì lǎo dà tú bēi shāng
少壮不努力，老大徒[1]悲伤。

经典注释

❶ 徒：徒然，白白地。

经典译文

年轻力壮时不努力上进，等到年老体衰时就只能后悔悲伤了。

rén yǒu shàn yuàn，tiān bì yòu zhī。
人有善愿，天必[1]佑之。

经典注释

❶ 必：必然；一定。

经典译文

一个人如果有善良的愿望，上天也一定会保佑他。

这一则意在劝人向善，但善有善报的想法带有宿命论色彩。

mò yǐn mǎo shí jiǔ，hūn hūn zuì dào yǒu。
莫饮卯时[1]酒，昏昏醉到酉[2]。

mò mà yǒu shí qī，yí yè shòu gū qī。
莫骂酉时妻，一夜受孤凄。

经典注释

❶ 卯时：五时至七时。 ❷ 酉：指酉时，十七时至十九时。

经典译文

不要在早晨喝酒，否则会昏昏沉沉醉到傍晚。不要在傍晚骂妻子，否则一整晚都会被冷落。

“莫骂酉时妻，一夜受孤凄”，不光酉时不能“骂妻”，任何时候都不能打骂妻子，当然，妻子也不能打骂丈夫，家庭成员应该互相帮助、互相关爱、和睦相处。

※清 金农 墨戏图册

zhòng má dé má zhòng dòu dé dòu
种麻得麻，种豆得豆。

tiān wǎng huī huī shū ér bú lòu
天网恢恢[1]，疏而不漏。

jiàn guān mò xiàng qián zuò kè mò zài hòu
见官莫向前，做客莫在后。

nìng tiān yì dǒu mò tiān yì kǒu
宁添一斗，莫添一口。

táng láng bǔ chán qǐ zhī huáng què zài hòu
螳螂捕蝉，岂知黄雀在后。

bù qiú jīn yù chóng chóng guì dàn yuàn ér sūn gè gè xián
不求金玉重重贵，但愿儿孙个个贤。

经典注释

❶ **恢恢：** 宽阔广大的样子。

经典译文

种下麻的种子就会收获麻，种下豆的种子就会收获豆。上天的法网广阔而宏大，虽然看起来稀疏，但什么也不会漏掉。见官时不要挤到前面，做客时不要落在后面。宁愿多添一斗米，也不要多添一口人。螳螂一心捕蝉，哪里知道黄雀正在它后面。不追求家里有很多贵重的金银玉石，只希望儿孙们个个贤能。

yí rì fū qī bǎi shì yīn yuán
一日夫妻，百世[1]姻缘。

bǎi shì xiū lái tóng chuán dù qiān shì xiū lái gòng zhěn mián
百世修来同船渡，千世修来共枕眠。

经典注释

❶ 百世：虚指，指久远的时间。

经典译文

一天的夫妻也是百世才修来的姻缘。百世才修来同乘一条船渡河，千世才修来同床共枕。

古人认为人死后会投胎转世，今生能成为夫妻是两人前世不断修行的结果。这种“轮回”的想法虽有封建迷信色彩，但其中表达出的对夫妻关系的珍重，在当今社会仍有积极意义。

shā rén yí wàn zì sǔn sān qiān
杀人一万，自损[1]三千。

shāng rén yì yǔ lì rú dāo gē
伤人一语，利如刀割。

经典注释

❶ 损：丧失，损失。

经典译文

杀死一万个敌人，自己也损失了三千人马。一句伤人的话，也像锋利的刀子那样能割伤人。

kū mù féng chūn yóu zài fā rén wú liǎng dù zài shào nián
枯木逢[1]春犹[2]再发，人无两度再少年。

wèi wǎn xiān tóu sù jī míng zǎo kàn tiān
未晚先投宿[3]，鸡鸣早看天。

经典注释

❶逢：遇到。 ❷犹：还，仍。 ❸投宿：临时住宿。

经典译文

干枯的树木到了春天还会再次发芽，人却没有两次青春年少的时候。天还没有全黑就要先找地方过夜，公鸡一打鸣就要早起看看天气情况。

※元 赵孟頫 双松平远图（局部）

经典故事

段玉裁尊师如父

段玉裁是我国清代著名的文字训诂学家、经学家。他年轻时想拜戴震为师，可是一直没有机会当面请求。有一次戴震来到京城，但段玉裁错过了拜师的机会，非常遗憾，就频频给戴震写信请教，自称弟子。三年后，戴震再次来到京城，段玉裁得知消息之后，立刻赶到戴震的住处，向他行弟子之礼，深情地说道："戴先生，请受弟子一拜。"戴震连忙说道："请起请起，我们还是以朋友相称为好。""先生学如大海，德高如山，理当是我的老师。不收我为徒，我宁愿……"段玉裁言辞恳切，坚持要做戴震的弟子。

虽然戴震拒绝了段玉裁的请求，但段玉裁一直不放弃，紧跟着戴震学习。三年后，戴震终于答应收段玉裁为徒，从此段玉裁对戴震更加尊敬，跟随戴震刻苦攻读，学业上有了长足的进步。戴震也从心底里喜欢这个好学懂礼的学生。段玉裁时时不忘老师的教诲，一生发愤苦读，著书立说，取得了很大的成就。他写的《说文解字注》等就是在戴震的指导下完成的，这本书也成为研究文字训诂学的重要参考书。

戴震逝世后，段玉裁每逢初一、十五，都要反复诵读老师写给他的信，体会其中的精义；每当别人提到老师的名字，他都会立即垂手拱立，以示敬意。

经典拓展

"莫饮卯时酒"的"卯时"相当于现在的什么时间？（　　）

A. 早上五点到七点　　B. 下午一点到三点

C. 晚上七点到九点　　D. 凌晨一点到三点

dì wǔ piān

第五篇

有声朗读

jiàng xiàng xiōng qián kān zǒu mǎ gōng hóu dù lǐ hǎo chēng chuán

将相胸前堪走马[1]，公侯肚里好撑船。

经典注释

❶ **走马：** 骑马疾走。

经典译文

王侯将相心胸开阔，胸前可以骑马疾跑，肚里可以行船。

fù rén sī lái nián qióng rén sī yǎn qián

富人思来年，穷人思眼前。

shì shàng ruò yào rén qíng hǎo shē qù wù jiàn mò qǔ qián

世上若要人情好，赊[1]去物件莫取钱。

sǐ shēng yǒu mìng fù guì zài tiān

死生有命，富贵在天。

※明 韩希孟 宋元名迹册·洗马图

经典注释

❶ **赊：** 卖物延期交款。

经典译文

有钱的人考虑明年的事情，贫穷的人只顾得上眼前的事。在世上要想与人交情好，赊给人家的东西就不要讨欠款。生死由天命决定，富贵在于上天安排。

“世上若要人情好，赊去物件莫取钱”的观点带有一定的功利性，用金钱换取的人情缺乏真诚，注定不会长久。另一方面，这一则也提醒我们与人交往时不要斤斤计较、唯利是图。

“死生有命，富贵在天”是宿命论的观点，人的寿命长短、富贵与否不是由所谓的天命决定的，人不能听天由命，而应发挥主观能动性，把命运掌握在自己手中。

jī shí yuán yǒu huǒ bù jī nǎi wú yān
击①石原有火，不击乃无烟。

wéi xué shǐ zhī dào bù xué yì tú rán
为学始知道，不学亦徒然②。

mò xiào tā rén lǎo zhōng xū hái dào lǎo
莫笑他人老，终须还到老。

dàn néng yī běn fèn zhōng xū wú fán nǎo
但能依本分，终须无烦恼。

经典注释

❶ **击：** 敲打。 ❷ **徒然：** 枉然，白白地，不起作用。

经典译文

敲击火石就会迸发出火星，不敲击连烟都不会产生。人通过学习才能明白事理，不学习就会枉过一生，一无所获。不要嘲笑别人年老，自己也终将老去。只要能安守本分，就不会有什么烦恼。

jūn zǐ ài cái qǔ zhī yǒu dào
君子爱财，取之有道①。

zhēn fù ài sè nà zhī yǐ lǐ
贞妇爱色，纳②之以礼③。

经典注释

❶ **道**：道德，道义。 ❷ **纳**：接受。 ❸ **礼**：社会生活中由于风俗习惯而形成的行为准则、道德规范和各种礼节。

经典译文

有道德的人喜爱财物，取得财物的手段应该是符合道义的。有良好操行的妇女即使爱美，也只能接受那些符合礼节的装扮。

shàn yǒu shàn bào è yǒu è bào
善有善报[①]，恶有恶报。
bú shì bú bào rì zi wèi dào
不是不报，日子未到。

经典注释

❶ **报**：报应，果报。

经典译文

善良的人有好的报应，恶人有坏的报应。不是没有报应，只是时候还没到。

这种观点带有宿命论的色彩，但有其合理性。我国实行依法治国，任何违法违规的恶人恶行都会受到惩处，有“恶有恶报”的效果。这一则的本意是劝人向善，我们应该心存善念，多行善事，不做恶事。

rén ér wú xìn bù zhī qí kě yě
人而[①]无信，不知其可也。

经典注释

❶ **而**：如果。

经典译文

人如果不讲信用，真不知道怎么可以呢。

yì rén dào hǎo qiān rén chuán shí
一人道好，千人传实。

fán shì yào hǎo xū wèn sān lǎo
凡事要好，须问三老[1]。

ruò zhēng xiǎo kě biàn shī dà dào
若争小可[2]，便失大道。

nián nián fáng jī yè yè fáng dào
年年防饥，夜夜防盗。

经典注释

❶三老：古代掌教化的官。 ❷小可：细小、低微。

经典译文

一个人说好，一千个人传播就成真的了。要想办好一切事情，就要请教三老。如果一味地争夺小的私利，便会失去大的道理。每年都要预防发生饥荒，每天夜里都要防备盗贼。

xué zhě rú hé rú dào bù xué zhě rú hāo rú cǎo
学者如禾[1]如稻，不学者如蒿[2]如草。

经典注释

❶禾：谷类作物。 ❷蒿：蒿草。

※明末清初 项圣谟 稻蟹图（局部）

经典译文

学习的人就像禾苗和稻谷，不学习的人就像蒿草。

yù yǐn jiǔ shí xū yǐn jiǔ，dé gāo gē chù qiě gāo gē。
遇饮酒时须饮酒，得高歌[1]处且高歌。

经典注释

❶ **高歌：** 高声歌吟。

经典译文

遇到要喝酒的时候就尽兴喝酒，能放声歌唱的时候就放声歌唱。

这一则一方面有及时行乐的思想色彩，另一方面有洒脱豁达、活在当下的豪情，我们要把握其中的“度”。

yīn fēng chuī huǒ，yòng lì bù duō。
因[1]风吹火，用力不多。

bù yīn yú fǔ yǐn，zěn dé jiàn bō tāo。
不因渔父引，怎得见波涛。

经典注释

❶ **因：** 凭借，利用，依托。

经典译文

借着风势吹火，用的力气就不用太多。不靠渔翁的引导，怎么能见到波涛呢。

wú qiú dào chù rén qíng hǎo, bù yǐn cóng tā jiǔ jià gāo.
无求到处人情好，不饮从他酒价高。

zhī shì shǎo shí fán nǎo shǎo, shí rén duō chù shì fēi duō.
知事少时烦恼少，识人多处是非多。

rù shān bú pà shāng rén hǔ, zhǐ pà rén qíng liǎng miàn dāo.
入山不怕伤人虎，只怕人情两面刀。

qiáng zhōng gèng yǒu qiáng zhōng shǒu, è rén xū yòng è rén mó.
强中更有强中手，恶人须用恶人磨。

huì shǐ bú zài jiā háo fù, fēng liú bú yòng zhuó yī duō.
会使不在家豪富，风流[1]不用着衣多。

经典注释

❶ 风流：风雅潇洒。

经典译文

不求别人帮忙，在哪里都觉得人与人的情分好；不喝酒，随便他酒价再高。知道的事情少，烦恼就少；认识的人多，是非就多。进入深山连伤人的老虎都不怕，只怕那些口蜜腹剑、两面三刀的人。本领高强的人中还有本领

※明 唐寅 溪山渔隐图（局部）

更高强的，恶人会被更恶的人折磨。善于用钱的人不在乎家中是否富有，风雅潇洒的人不在于穿多少华服。

“无求到处人情好”在人际交往中并不完全适用。我们在遇到自己无力解决的困难时，应该积极寻求他人的帮助；他人向我们求助时，我们也应该在自己的能力范围内提供帮助。“人情好”应以真诚为前提，人与人应该互帮互助、和谐相处。

“不饮从他酒价高”的想法有一定的狭隘性，物质世界是普遍联系的统一整体，孤立的事物是不存在的，因此，只想到自己“不饮”，就对“酒价高”漠视，但“酒价高”带来的结果终将影响自身。

guāng yīn sì jiàn, rì yuè rú suō
光阴似箭，日月如梭。

tiān shí bù rú dì lì, dì lì bù rú rén hé
天时①不如地利②，地利不如人和③。

huáng jīn wèi wéi guì, ān lè zhí qián duō
黄金未为贵，安乐④值钱多。

经典注释

①天时：宜于做某事的自然气候条件。 ②地利：地理优势。 ③人和：人事和协，民心和乐。 ④安乐：安康快乐，平安无恙。

经典译文

时光的流逝就像射出的箭一样飞快，日月频繁交替，就像织布时的梭子一样快。有利于作战的天气、时令，比不上有利于作战的地理形势，有利于作战的地理形势比不上作战中的人心所向、内部团结。黄金并不算珍贵，平安无恙才是最珍贵的。

shì shàng wàn bān jiē xià pǐn sī liang wéi yǒu dú shū gāo
世上万般皆下品[1]，思量唯有读书高。

shì jiān hǎo yǔ shū shuō jìn tiān xià míng shān sēng zhàn duō
世间好语书说尽，天下名山僧占多。

经典注释

❶ 下品：下等。

经典译文

世上万般事物都是下品，仔细考虑只有读书才是最高贵的。世界上的好话书中都说了，天底下有名的山大多有僧人居住。

“世上万般皆下品，思量唯有读书高”，在科举取士的时代，读书与做官有直接关系，读书是普通人重要的甚至唯一的改变自身阶级的途径，所以读书被格外重视，无数读书人“皓首穷经”，希望有朝一日能金榜题名。而在现代社会，读书的功利性大大减弱，我们读书的目的应该是得到智慧启发，完善自我，获得精神成长，我们要让读书成为一种生活方式。

wéi shàn zuì lè wéi è nán táo
为[1]善最乐，为恶难逃。

yáng yǒu guì rǔ zhī ēn yā yǒu fǎn bǔ zhī yì
羊有跪乳[2]之恩，鸦有反哺[3]之义。

经典注释

❶ 为：做。 ❷ 跪乳：羊羔跪着吃奶。后喻指孝义。 ❸ 反哺：乌雏长成，衔食喂养其母。后比喻报答亲恩。

经典译文

做好事是最快乐的，做坏事则难逃罪责。羊羔因感激母亲生养的恩情而跪着吃奶；乌鸦长大后，反过来哺养老乌鸦，是为了报答母亲养育的情义。

※唐 赵福 羊图

nǐ jí tā wèi jí ， rén xián xīn bù xián 。

你急他未急，人闲心不闲。

yǐn è yáng shàn ， zhí qí liǎng duān 。

隐恶扬善，执其两端[1]。

经典注释

❶ **两端**：两个极端，指过与不及。

经典译文

你着急别人不着急，人闲下来了心却闲不下来。隐藏别人的坏处，只表扬别人的好处，避免过与不及两个极端。

qī xián fū huò shǎo zǐ xiào fù xīn kuān
妻贤夫祸少，子孝父心宽[1]。

经典注释

❶ 心宽：宽心，放心。

经典译文

妻子贤惠，丈夫的祸患就少；子女孝顺，父母才能放宽心。

“妻贤夫祸少”，古代社会男尊女卑，对女性有很多强制性要求，如“三从四德”，希望女性成为丈夫的贤内助。当今社会提倡男女平等，夫妻双方应该互敬互爱，共同努力构建和谐家庭。

“子孝父心宽”，孝顺父母是传统美德，但要避免愚孝，父母也有犯错误的时候，这种时候就不能一味地顺从父母的意愿，要有自己的是非判断。

jì zhuì fǔ zèng fǎn gù wú yì
既坠釜甑[1]，反顾[2]无益。

fān fù zhī shuǐ shōu zhī shí nán
翻覆之水，收之实难。

经典注释

❶ 釜、甑：都是中国古代炊器。 ❷ 反顾：回头看。

经典译文

釜、甑已经掉在地上，回头再看也没有用了。已经洒出来的水，想再收回来实在困难。

rén shēng zhī zú hé shí zú，rén lǎo tōu xián qiě shì xián。
人生知足何时足，人老偷闲且是闲。

dàn yǒu lǜ yáng kān xì mǎ，chù chù yǒu lù tòu cháng ān。
但有绿杨堪[1]系马，处处有路透[2]长安。

经典注释

❶ **堪：** 可以，能够。 ❷ **透：** 应作“通”。

※宋 佚名 柳阁风帆图

经典译文

人生应该知足，却不知道什么时候才能知足；年纪大了，能偷闲就偷闲吧。只要有能拴马的绿色杨树，处处都有路通往长安。

jiàn zhě yì，xué zhě nán。
见者易，学者难。

mò jiāng róng yì dé，biàn zuò děng xián kàn。
莫将容易得，便作等闲[1]看。

yòng xīn jì jiào bān bān cuò，tuì bù sī liang shì shì nán。
用心计较般般[2]错，退步思量事事难。

经典注释

❶ **等闲：** 平常，寻常。 ❷ **般般：** 犹种种，样样，件件。

经典译文

看上去容易，学起来困难。不要把容易得到的东西，就当作平常之物看待。算计太精了，就会觉得样样都有错；退一步想想，就会发现每件事情都很难。

dào lù gè bié，yǎng jiā yì bān
道路各别，养家一般[1]。
cóng jiǎn rù shē yì，cóng shē rù jiǎn nán
从俭入奢易，从奢入俭难。

经典注释

❶ 一般：一样，同样。

经典译文

人生的道路各不相同，养家的方法却是一样的。从俭朴到奢侈很容易做到，从奢侈到俭朴就很难做到了。

※清 焦秉贞 耕织图册·耙耨（局部）

经典故事

好学的张衡

张衡是我国东汉时期著名的科学家、文学家，他从小就是一个好读书、善思考的人。据说他读完家里的书后，又到镇上的好朋友家去借书读。没过几年，张衡就读完了镇上所有人家的书。张衡不但努力学习书本上的知识，还注重实践。他经常观察镇上的铁匠们干活，有时一站就是半天。他把铁匠烧旺炉火、冶炼铁水、制作铁器的过程看个仔细，并且不懂就问，直至把心中的疑问全都解决。

“学者如禾如稻”，张衡通过自身努力，在文学和科学方面，都取得了很大的成就。尤其在科学方面，张衡不但创制了世界上最早利用水力转动的浑天仪，还创制了测定地震方位的候风地动仪。张衡为世界科学发展做出了巨大贡献，为了纪念他，月球背面的一座环形山就以他的名字命名为“张衡环形山”。

经典拓展

1. 根据本篇内容填空。

（1）______有跪乳之恩，______有反哺之义。

（2）从俭入奢______，从奢入俭______。

2. 与“人而无信，不知其可也”意思相近的一句是（　　）。

A. 见者易，学者难。　　B. 为学始知道，不学亦徒然。

C. 民无信不立。　　D. 一人道好，千人传实。

3. “____________，____________”是说时光的流逝就像射出的箭一样飞快，日月频繁交替就像织布时的梭子一样快。

4. “世上万般皆下品，思量唯有读书高”，你还知道哪些关于读书的句子？请写出一两句。

有声朗读

dì liù piān

第六篇

zhī yīn shuō yǔ zhī yīn tīng，bú shì zhī yīn mò yǔ tán。

知音说与知音[1]听，不是知音莫与弹。

经典注释

❶ **知音：** 知己。

经典译文

知心话要说给知音人听，不是知音人就不要对他弹琴。

diǎn shí huà wéi jīn，rén xīn yóu wèi zú。

点石化为金，人心犹[1]未足。

xìn le dù，mài le wū。

信[2]了肚，卖了屋。

经典注释

❶ **犹：** 仍，还。 ❷ **信：** 任意，听任。

经典译文

即使能够点石成金，人的内心还是感到不满足。随意吃喝，即使是卖了房子也满足不了。

※清 樊圻 山水册页（局部）

tā rén guān huā bú shè nǐ mù
他人观花，不涉你目。

tā rén lù lù bú shè nǐ zú
他人碌碌[1]，不涉你足。

经典注释

❶碌碌：形容辛苦、繁忙。

经典译文

别人看花，与你的眼睛无关。别人奔波劳碌，与你的脚无关。

shuí rén bú ài zǐ sūn xián shuí rén bú ài qiān zhōng sù
谁人不爱子孙贤，谁人不爱千钟[1]粟。

mò bǎ zhēn xīn kōng jì jiào wǔ xíng bú shì zhè tí mù
莫把真心空计较，五行[2]不是这题目。

经典注释

❶钟：古代容量单位。 ❷五行：指水、火、木、金、土五种物质。中国古代思想家把这五种物质作为构成万物的元素，以说明世界万物的起源和多样性的统一。

经典译文

谁不喜欢子孙贤达，谁不喜欢高官厚禄。不要把心思白白地用在谋划这些事上，可能五行里没有这种气运。

“莫把真心空计较，五行不是这题目”的观点有宿命论的色彩，但也蕴含了量力而为的豁达态度。这告诉我们要树立正确的得失观，坦然面对得失。

yǔ rén bù hé， quàn rén yǎng é
与人不和，劝人养鹅[1]。
yǔ rén bú mù， quàn rén jià wū
与人不睦，劝人架屋[2]。
dàn xíng hǎo shì， mò wèn qián chéng
但行好事，莫问前程。

※明 佚名 荷塘双鹅图

经典注释

❶鹅：古人认为鹅是吉祥的家禽。劝人养鹅是善意的行为。 ❷架屋：盖房子。劝人架屋也是善意的行为。

经典译文

与人不和，还是会劝人养鹅。与人不睦，还是会劝人盖房子。只管一心一意去做好事，不要考虑自己的前途和得失。

hé xiá shuǐ jí， rén jí jì shēng
河狭[1]水急，人急计生。
míng zhī shān yǒu hǔ， mò xiàng hǔ shān xíng
明知山有虎，莫向虎山行。
lù bù xíng bú dào， shì bù wéi bù chéng
路不行不到，事不为[2]不成。
rén bú quàn bú shàn， zhōng bù dǎ bù míng
人不劝不善，钟不打[3]不鸣。

经典注释

❶狭：窄。 ❷为：做，干。 ❸打：敲击。

经典译文

河道狭窄，水流就会湍急；人遇到紧急情况，就会想出计谋。明明知道山里有老虎，就不要再进山了。路不去走就到不了目的地，事情不去做就不会成功。人不进行劝导就不会做好事，钟不经敲击就不会发出响声。

wú qián fāng duàn jiǔ lín lǎo shǐ kàn jīng
无钱方[1]断酒[2]，临老始看经。

diǎn tǎ qī céng bù rú àn chù yì dēng
点塔七层，不如暗处一灯。

经典注释

❶方：才。 ❷断酒：戒酒。

经典译文

没钱了才戒酒，到老了才开始阅读佛经。点灯供奉七层佛塔，不如在黑暗处点一盏灯。

wàn shì quàn rén xiū mán mèi jǔ tóu sān chǐ yǒu shén míng
万事劝人休瞒昧[1]，举头三尺有神明。

dàn cún fāng cùn tǔ liú yǔ zǐ sūn gēng
但存方寸土[2]，留与子孙耕。

miè què xīn tóu huǒ tī qǐ fó qián dēng
灭却心头火，剔起佛前灯。

经典注释

❶瞒昧：隐瞒欺骗。 ❷方寸土：这里指人的善心。

经典译文

劝人做任何事都不要隐瞒欺骗，抬头三尺的地方就有神明看着。只需要把一颗善良的心作为家传的祖业留给子孙，让子孙以此为本去做事为人。灭掉心头的种种欲火，挑亮佛像前的灯光。

“万事劝人休瞒昧，举头三尺有神明”意在劝人独处时也要谨慎不苟，这样既能修养身心，又能时刻保持警惕，避免因心存侥幸而暗中行不法之事。

“剔起佛前灯”是对于佛教徒而言的，普通人可以用其他方式“灭却心头火”，修养心性。

xīng xīng cháng bù zú，měng měng zuò gōng qīng。
惺惺[1]常不足，懵懵[2]作公卿。

zhòng xīng lǎng lǎng，bù rú gū yuè dú míng。
众星朗朗[3]，不如孤月独明。

经典注释

❶ **惺惺：** 聪明机灵。 ❷ **懵懵：** 糊里糊涂。 ❸ **朗朗：** 明亮的样子。

经典译文

聪明的人常常意识到自己有不足之处，糊涂的人把自己当作公卿。群星明亮，比不上一轮月亮明亮。

xiōng dì xiāng hài，bù rú zì shēng。
兄弟相害，不如自生。

hé lǐ kě zuò，xiǎo lì mò zhēng。
合理[1]可作，小利[2]莫争。

※宋 马麟 梅竹图页

经典注释

❶ 合理：符合道理或事理。 ❷ 小利：小利益。

经典译文

兄弟相互残害，不如各自生活，互不打扰。合理的事情可以做，微小的利益不要争。

mǔ dan huā hǎo kōng rù mù
牡丹[1]花好空入目，
zǎo huā suī xiǎo jiē shí chéng
枣花虽小结实成。

※清 邹一桂 花卉八开

经典注释

❶ 牡丹：落叶小灌木，花大而艳丽，是著名的观赏植物。

经典译文

牡丹花虽然好看，但只能观赏；枣花虽然小，却能结出果实。

qī lǎo mò qī xiǎo qī rén xīn bù míng
欺[1]老莫欺小[2]，欺人心不明。

经典注释

❶ 欺：欺负。 ❷ 小：年幼者。

经典译文

宁可欺负老人，也不要欺负小孩子，欺负人是内心不明事理的表现。

尊老爱幼是中华民族的传统美德，老人和小孩都需要关爱。同时指出欺人是不明事理的行为，人与人应该和谐友好地相处，以诚相待，不能欺负他人。

suí fèn gēng chú shōu dì lì tā shí bǎo mǎn xiè cāng tiān

随分[1]耕锄[2]收地利，他时[3]饱满谢苍天。

经典注释

❶ **随分：**依据本性，按照本分。 ❷ **耕锄：**耕田锄草，也泛指农作。❸ **他时：**将来，以后。

经典译文

按照本分耕田锄草以获得好的收成，将来作物颗粒饱满时要感恩上天。

dé rěn qiě rěn dé nài qiě nài

得[1]忍且忍，得耐且耐。

bù rěn bú nài xiǎo shì chéng dà

不忍不耐，小事成大。

经典注释

❶ **得：**可以。

经典译文

能忍让就要忍让，能忍耐就要忍耐。如果不能忍让，不能忍耐，小事情也会变成大事情。

值得注意的是，忍耐不是一味的逆来顺受、委曲求全，而是有限度的，对于超出道德和法律底线的事情，坚决不能退让。

xiāng lùn chěng yīng xióng jiā jì jiàn jiàn tuì
相论逞①英雄，家计渐渐退。

xián fù lìng fū guì è fù lìng fū bài
贤妇令夫贵，恶妇令夫败。

yì rén yǒu qìng zhào mín xián lài
一人有庆，兆民②咸③赖。

经典注释

❶逞：显示，夸耀。 ❷兆民：泛指众民、百姓。 ❸咸：全，都。

经典译文

一家人相互逞英雄，家道就会渐渐走向败落。贤惠的妻子会让丈夫富贵起来，不贤惠的妻子会让丈夫失败。天子有善行，百姓都会依赖他。

“贤妇令夫贵，恶妇令夫败”，妻子对丈夫的事业有重要影响，但不是决定性的。古代社会男尊女卑，要求妻子无条件地支持丈夫，做好贤内助，这是对女性的剥削。现代社会提倡男女平等，丈夫和妻子应该互敬互爱、互相扶持。

rén lǎo xīn wèi lǎo rén qióng zhì mò qióng
人老心未老，人穷志莫穷。

rén wú qiān rì hǎo huā wú bǎi rì hóng
人无千日①好，花无百日红。

经典注释

❶ 千日：和后文的“百日”都指较长的时间。

经典译文

人老了，但是心没有老；人虽然家境贫穷，但是志向仍然高远。人不可能一直顺利，花不可能一直红艳。

shā rén kě shù qíng lǐ nán róng

杀人可恕[1]，情理难容。

经典注释

❶ 恕：原谅，宽宥。

经典译文

杀人（因理由正当）可以被宽恕，情理上仍难以被接受。

zhà fù bù zhī xīn shòu yòng zhà pín nán gǎi jiù jiā fēng

乍[1]富不知新受用[2]，乍贫难改旧家风。

zuò shàng kè cháng mǎn zūn zhōng jiǔ bù kōng

座上客常满，樽[3]中酒不空。

wū lòu gèng zāo lián nián yǔ xíng chuán yòu yù dǎ tóu fēng

屋漏更遭连年雨，行船[4]又遇打头风[5]。

sǔn yīn luò tuò fāng chéng zhú yú wèi bēn bō shǐ huà lóng

笋因落箨[6]方成竹，鱼为奔波始化龙。

※清 恽寿平 百花图（局部）

经典注释

❶乍：初，刚刚。 ❷受用：享受。 ❸樽：盛酒器，酒杯。 ❹行船：驾驶船只。 ❺打头风：逆风。 ❻箨：竹笋皮，俗称笋壳。

经典译文

刚刚富有起来的人还不知道享受，刚刚变得贫穷的人难以改掉从前奢侈的家风。家里常常宾客满座，杯中从来不缺美酒。屋子漏了又遭逢连年阴雨，行船时遇上迎面而来的大风。竹笋因为脱落了笋壳才长成竹子，鱼儿因为在波浪中翻腾才变成蛟龙。

jì de shào nián qí zhú mǎ kàn kan yòu shì bái tóu wēng

记得少年骑竹马①，看看又是白头翁。

经典注释

❶竹马：儿童游戏时当马骑的竹竿。

经典译文

还记得少年时骑竹马的情景，转眼一看已成了白发苍苍的老翁。

※宋 佚名 春游晚归图

lǐ yì shēng yú fù zú dào zéi chū yú pín qióng

礼义①生于富足，盗贼出于贫穷。

经典注释

❶礼义：礼法道义。

经典译文

礼法和道义产生于富足，盗贼产生于贫穷。

物质生活是否富足与人的品行好坏不构成必然联系，人无论处于何种境况，都不能做违法乱纪的事情。

经典故事

桐城“六尺巷”

清代康熙年间，安徽桐城有张姓、吴姓两户人家，他们毗邻而居。这一年，吴家要起房造屋，想占用两家之间作过道用的巷子。张老夫人给在京城做官的儿子张英写信，要他干预这件事。张英没有仗势欺人，而是回寄了一首诗：“一纸书来只为墙，让他三尺又何妨？长城万里今犹在，不见当年秦始皇。”张母看了信，立即让出三尺地。吴家见此情景，深感惭愧，也马上把墙让后三尺。这样，张、吴两家的院墙之间就形成了六尺宽的巷道，成了有名的“六尺巷”。

经典拓展

根据本篇内容填空。

（1）与人不和，劝人______。与人不睦，劝人______。

（2）明知山有虎，____________。

（3）得忍且忍，____________。不忍不耐，____________。

（4）记得少年骑竹马，________________。

有声朗读

dì qī piān
第七篇

tiān shàng zhòng xīng jiē gǒng běi shì jiān wú shuǐ bù cháo dōng
天上众星皆拱北[1]，世间无水不朝东。

经典注释

❶ **拱北**：众星拱卫北极星。

经典译文

天上的星星都拱卫北极星，世上的水都向东流。

古人的认识有一定的局限性，所以得出的以上结论在今天看来是片面的，但这种结论也揭示了世间万物都有一定的规律。

jūn zǐ ān píng dá rén zhī mìng
君子安平，达人[1]知命[2]。

经典注释

❶ **达人**：通达事理的人。 ❷ **知命**：懂得事物生灭变化都由天命决定的道理。

经典译文

君子安于平淡的生活，通达事理的人懂得事物生灭变化都由天命决定。

这种观点在现在看来有不思进取之嫌，且带有宿命论色彩，并不提倡。人应该为了美好的生活而努力奋斗。

zhōng yán nì ěr lì yú xíng，liáng yào kǔ kǒu lì yú bìng。
忠言逆耳①利于行，良药②苦口利于病。

shùn tiān zhě cún，nì tiān zhě wáng。
顺天者存，逆天者亡。

rén wèi cái sǐ，niǎo wèi shí wáng。
人为财死，鸟为食亡。

经典注释

①逆耳：刺耳，不顺耳。 ②良药：疗效高的药物。

经典译文

直言劝告虽听起来不舒服，却有利于为人处世；良药喝起来虽苦，却有利于治好疾病。顺从天道的存活，违背天道的灭亡。人因为争夺财物而死，鸟因为争夺食物而亡。

"顺天者存，逆天者亡"，这句话强调了顺应天道的重要性，这里的天道指自然界的变化规律和事物发展的客观规律。无论是人类还是自然界，要想生存下去，都要遵循规律，违背规律做事情必然会受到惩罚。

fū qī xiāng hé hǎo，qín sè yǔ shēng huáng。
夫妻相合好，琴瑟①与笙簧②。

yǒu ér pín bù jiǔ，wú zǐ fù bù cháng。
有儿贫不久，无子富不长。

经典注释

①琴瑟：乐器。 ②笙簧：指笙。

※明末清初 王鉴 仿古山水八开（局部）

经典译文

夫妻之间和谐相处，像各类乐器那样配合密切。有儿子的家庭不会长久贫困，没有儿子的家庭不会长久富有。

“有儿贫不久，无子富不长”，古代社会男尊女卑，加上男子是主要的劳动力，所以古人认为生了儿子才有人继承家业。现代社会提倡男女平等，不管是儿子还是女儿，父母应该一视同仁，平等地给予关爱。

shàn bì shòu lǎo，è bì zǎo wáng。
善必寿老，恶必早亡。

shuǎng kǒu shí duō piān zuò bìng，kuài xīn shì guò kǒng shēng yāng。
爽口[1]食多偏作病，快心[2]事过恐生殃。

经典注释

❶ **爽口**：清爽可口。 ❷ **快心**：恣意行事，只图痛快。

经典译文

做善事必定长寿终老，做恶事必定早早灭亡。清爽可口的食物吃多了会生病，恣意行事过了头可能会导致祸患。

“善必寿老，恶必早亡”，人的寿命长短与其是善是恶没有必然的关系，但劝人多行善莫作恶具有积极意义。

※清 石涛 山水册十二开（局部）

fù guì dìng yào ān běn fèn, pín qióng bú bì wǎng sī liang
富贵定要安本分，贫穷不必枉思量[1]。

huà shuǐ wú fēng kōng zuò làng, xiù huā suī hǎo bù wén xiāng
画水无风空作浪，绣花虽好不闻香。

tān tā yì dǒu mǐ, shī què bàn nián liáng
贪他一斗米，失却半年粮。

zhēng tā yì jiǎo tún, fǎn shī yì zhǒu yáng
争他一脚豚[2]，反失一肘羊。

经典注释

❶ **思量：** 考虑，忖度。 ❷ **豚：** 小猪，也泛指猪。

经典译文

富贵时一定要安分守己，贫穷时不要胡思乱想。画出来的水空有波浪但听不到风声，绣出来的花朵虽然好看却闻不到香味。贪图别人一斗米，却失去了半年的口粮。与别人争夺一只猪脚，却失去了一个羊肘。

lóng guī wǎn dòng yún yóu shī, **shè** guò chūn shān cǎo mù xiāng
龙归晚洞云犹湿，麝[1]过春山草木香。

经典注释

❶ **麝：** 兽名，俗称香獐，能分泌麝香。

经典译文

晚上龙回洞里了，它驾的云还是湿的；春天麝经过山野，草木都染上了香味。

※明 杜大成 花蝶草虫十开

píng shēng zhǐ huì liáng rén duǎn　hé bù huí tóu bǎ zì liáng
平生只会量人短，何不回头把自量。

jiàn shàn rú bù jí　jiàn è rú tàn tāng
见善如不及，见恶如探汤[1]。

经典注释

❶ 汤：热水，沸水。

经典译文

一辈子只会议论别人的缺点，怎么不回过头掂量掂量自己。看见好人好事，就像赶不上似的努力追求；看见坏人坏事，就像要把手伸进滚烫的水中一样使劲避开。

rén pín zhì duǎn　mǎ shòu máo cháng
人贫志[1]短，马瘦毛长。

zì jiā xīn lǐ jí　tā rén wèi zhī máng
自家[2]心里急，他人未知忙。

pín wú dá shì jiāng jīn zèng　bìng yǒu gāo rén shuō yào fāng
贫无达士将金赠，病有高人说药方。

经典注释

❶ 志：志向。　❷ 自家：自己。

经典译文

人处境困厄，志向也就小了；马瘦弱，就显得毛很长。自己心里十分着急，他人依旧不慌不忙。贫困的时候没有达士送来钱财，生病时有高人告知药方。

chù lái mò yǔ shuō shì guò xīn qīng liáng
触[1]来莫与说，事过心清凉。

qiū zhì mǎn shān duō xiù sè chūn lái wú chù bù huā xiāng
秋至满山多秀色[2]，春来无处不花香。

经典注释

[1] 触：触犯，冒犯。 [2] 秀色：优美的景色。

经典译文

被人触犯不要与他争辩，事情过去了心情自然就会舒畅。秋天到了，满山都是优美的景色；春天来了，到处都有花香。

fán rén bù kě mào xiàng hǎi shuǐ bù kě dǒu liáng
凡人[1]不可貌相[2]，海水不可斗量。

qīng qīng zhī shuǐ wéi tǔ suǒ fáng
清清之水，为土所防。

jǐ jǐ zhī shì wéi jiǔ suǒ shāng
济济[3]之士，为酒所伤。

hāo cǎo zhī xià huò yǒu lán xiāng
蒿草之下，或有兰香。

máo cí zhī wū huò yǒu hóu wáng
茅茨[4]之屋，或有侯王。

wú xiàn zhū mén shēng è piǎo jǐ duō bái wū chū gōng qīng
无限朱门[5]生饿殍[6]，几多白屋[7]出公卿[8]。

※清 王翚、王时敏 仿古山水册（局部）

经典注释

❶ **凡人：** 平常人，一般人。 ❷ **貌相：** 根据外貌判断人。 ❸ **济济：** 众多的样子。 ❹ **茅茨：** 茅草盖的屋顶，也指茅屋。 ❺ **朱门：** 指贵族豪富之家。 ❻ **饿殍：** 饿死的人。 ❼ **白屋：** 用白茅覆盖的房屋，为古代平民所居。 ❽ **公卿：** 泛指高官。

经典译文

对任何人都不能以貌取人，就像海水不能用斗去量一样。清清的水被土阻挡，许多人因饮酒伤身。蒿草丛中或许有兰花吐露芬芳，茅草屋中可能居住着诸侯王公。许多富贵之家也会有被饿死的人，许多平民之家也会出现成为高官的人。

zuì hòu qián kūn dà, hú zhōng rì yuè cháng.
醉后乾坤[1]大，壶中[2]日月长。

wàn shì jiē yǐ dìng, fú shēng kōng bái máng.
万事皆已定，浮生[3]空白忙。

经典注释

❶ **乾坤：** 天地。 ❷ **壶中：** 相传费长房曾见一老翁能进到壶中，便与其同进壶中。 ❸ **浮生：** 人生。

经典译文

喝醉以后天地都显得广大，进入神仙世界日子就会变得漫长。世上事情都早已注定，一辈子都是白白地忙碌。

“万事皆已定，浮生空白忙”是一种宿命论的思想，否定了人的主观能动性。人生虽会有许多不如意的地方，但不可以因此消极颓废。

qiān lǐ sòng háo máo lǐ qīng rén yì zhòng

千里送毫毛[1]，礼轻仁义重。

经典注释

❶ **毫毛：** 比喻极小或极少的事物。这里指礼物轻微。

经典译文

从千里之外送来一根毫毛，礼物虽轻，情谊却很深重。

shì shì míng rú jìng qián chéng àn sì qī

世事明如镜，前程暗似漆。

guāng yīn huáng jīn nán mǎi yí shì rú jū guò xì

光阴[1]黄金难买，一世如驹[2]过隙[3]。

经典注释

❶ **光阴：** 时间，岁月。 ❷ **驹：** 少壮的马。 ❸ **过隙：** 比喻时间短暂，光阴易逝。

经典译文

世事就像镜子一样明亮，前程像漆一样黑暗。黄金买不到时间，一辈子就像小马跃过缝隙一样短暂。

※清 钱维城 万有同春图

liáng tián wàn qǐng rì shí yì shēng
良田万顷①，日食一升。

dà shà qiān jiān yè mián bā chǐ
大厦②千间，夜眠③八尺。

qiān jīng wàn diǎn xiào yì wéi xiān
千经万典，孝义为先。

经典注释

❶**万顷：**形容面积广阔。 ❷**厦：**房屋。 ❸**眠：**睡觉。

经典译文

家中有万顷良田，一天也只吃一升粮食。家中有千间大厦，夜里也只睡八尺大小的地方。千万种经典著作中讲述的道理，都把孝义放在第一位。

yí zì rù gōng mén jiǔ niú tuō bù chū
一字入公门①，九牛拖不出。

yá men bā zì kāi yǒu lǐ wú qián mò jìn lái
衙门八字②开，有理无钱莫进来。

经典注释

❶**公门：**官署，衙门。 ❷**八字：**旧时衙门的大门呈八字形。

经典译文

一个字的状纸送进衙门，九头牛也拖不出来。衙门八字打开，即使有理，没有钱也不要进来。

※明 仇英 浔阳送别图（局部）

封建社会的衙门大多腐败黑暗，官员往往官官相护、贪赃枉法，百姓想通过打官司维护自身权利非常困难，因此对衙门有排斥心理。在当今社会，我们要勇于拿起法律的武器主张自己的权利，处理纠纷，化解矛盾。

fù cóng shēng gě qǐ pín yīn bú suàn lái

富从升合[1]起，贫因不算来。

jiā zhōng wú cái zǐ guān cóng hé chù lái

家中无才子，官从何处来。

经典注释

❶ **升合：** 一升一合，比喻数量很小。

经典译文

富裕从一升一合聚积而来，贫穷是因为不精打细算。家中没有德才兼备的人，（将来）怎么会有当官的人呢？

wàn shì bù yóu rén jì jiào yì shēng dōu shì mìng ān pái

万事不由人计较[1]，一生都是命安排。

jí xíng màn xíng qián chéng zhǐ yǒu duō shǎo lù

急行慢行，前程[2]只有多少路。

经典注释

❶ **计较：** 打算，主张。 ❷ **前程：** 前面的路程。

经典译文

世上万般事情都不由人做主，一生都是命运安排好的。不论走得快还是走得慢，前面只有那么多路程。

“万事不由人计较，一生都是命安排”，这种宿命论的思想消极颓废，且否认了人的主观能动性，是不可取的。人应该把命运把握在自己的手中，以积极向上的态度面对生活。

rén jiān sī yǔ tiān wén ruò léi
人间私语[1]，天闻若雷。

àn shì kuī xīn shén mù rú diàn
暗室亏心[2]，神目如电。

yì háo zhī è quàn rén mò zuò
一毫之恶，劝人莫作。

yì háo zhī shàn yǔ rén fāng biàn
一毫之善，与人方便。

qī rén shì huò ráo rén shì fú
欺人是祸，饶人是福。

tiān wǎng huī huī bào yìng shèn sù
天网恢恢，报应甚速。

shèng xián yán yǔ shén qīn guǐ fú
圣贤言语，神钦鬼伏。

经典注释

❶私语：私下谈话，低声说话。 ❷亏心：违背良心。

经典译文

在人间低声说话，在上天听来都像雷声那样响。在幽暗的内室里做亏心事，神灵目光如电，也看得很清楚。哪怕是极微小的坏事，也劝人不要做。哪怕是极微小的好事，也要给别人提供方便。欺负别人就会给自己带来祸害，宽恕别人却可以给自己带来幸福。上天的法网广阔而宏大，（做坏事）报应会来得很迅速。圣贤说的话，鬼神都钦佩服从。

古人因认识的局限而相信因果报应，认为人在做天在看，这种观点缺乏科学依据，现在并不认同，但其中劝人向善的用意仍值得我们接纳。

rén gè yǒu xīn ， xīn gè yǒu jiàn
人各有心，心各有见[1]。

kǒu shuō bù rú shēn féng ， ěr wén bù rú mù jiàn
口说不如身逢[2]，耳闻不如目见。

经典注释

❶见：见解。 ❷逢：遇到，遇见。

经典译文

每个人都有自己的内心，每个人心里都有自己的见解。用嘴说不如亲身经历，耳朵听到不如亲眼看见。

经典故事

梁上君子

东汉时，有个人名叫陈寔（shí）。一天夜里，有个小偷钻进他家想偷东西，便藏在屋梁上，等待机会下手。陈寔发现小偷后，并没有声张，而是把儿孙们叫来，严肃地教育他们道：“做人一定要严格要求自己。不善之人并不是生来就坏，而是沾染了坏习惯，又不能克制自己，才逐渐变坏的。梁上君子就是这样的人啊！”

躲在梁上的小偷听了陈寔这一番话，知道自己已被发现，连忙跳下来叩头请罪。陈寔开导他说：“我看你不像是个坏人，应该赶快改掉自己的坏毛病，重新做个好人。”说完，陈寔让家人取来两匹白绢送给小偷，小偷再三称谢后才离去。这件事情传开以后，当地便很少发生偷盗事件了。

经典拓展

1. 根据本篇内容填空。

（1）忠言逆耳利于行，________________。

（2）平生只会量人短，________________。

（3）________________，海水不可斗量。

（4）千里送毫毛，________________。

2. 与“一毫之恶，劝人莫作。一毫之善，与人方便”意思相似的句子是（　　）。

A. 勿以恶小而为之，勿以善小而不为。

B. 忍一句，息一怒。

C. 但行好事，莫问前程。

D. 人各有心，心各有见。

有声朗读

dì bā piān

第八篇

※清 徐方 出征图（局部）

yǎng jūn qiān rì，yòng zài yì zhāo

养军[1]千日，用在一朝。

guó qīng cái zǐ guì，jiā fù xiǎo ér jiāo

国清[2]才子贵[3]，家富小儿骄。

经典注释

①军：军队。 ②清：清平，太平。 ③贵：尊重，敬重。

经典译文

用很长时间来供养训练军队，是为了在危难时刻能够使用。国家政治清明有才能的人就会受到尊重，富裕家庭的孩子容易被娇生惯养。

lì dāo gē tǐ hén yì hé，è yǔ shāng rén hèn bù xiāo

利[1]刀割体痕[2]易合，恶语伤人恨不消。

gōng dao shì jiān wéi bái fà，guì rén tóu shàng bù céng ráo

公道[3]世间唯白发，贵人头上不曾饶[4]。

经典注释

①利：锋利，锐利。 ②痕：疮伤痊愈后留下的疤。 ③公道：公平，公正。 ④饶：宽容，饶恕。

经典译文

锋利的刀割破身体，伤口容易愈合；恶毒的话伤害别人，恨意难以消除。世界上最公平的就是白发，富贵的人头上也会长出来。

yǒu qián kān chū zhòng， wú yī lǎn chū mén。
有钱堪[1]出众，无衣懒出门。

wéi guān xū zuò xiàng， jí dì bì zhēng xiān。
为官须作相[2]，及第[3]必争先。

经典注释

❶ **堪：** 能够，可以。 ❷ **相：** 百官之长，后通称宰相。 ❸ **及第：** 科举应试中选。

经典译文

有钱的人显得出众，没好衣服穿的人懒得出门。当官就要当宰相，科举及第要争早。

“有钱堪出众，无衣懒出门”说明物质会对人产生影响，但人不能被物质所裹挟，追求物质富足的同时更要追求精神富足。

xián shí bù shāo xiāng， jí shí bào fó jiǎo。
闲时不烧香，急时抱佛脚。

xìng shēng tài píng wú shì rì， kǒng féng nián lǎo bù duō shí。
幸[1]生太平无事日，恐[2]逢年老不多时。

guó luàn sī liáng jiàng， jiā pín sī xián qī。
国乱[3]思良将，家贫思贤妻。

※明 郭诩 人物图册

chí táng jī shuǐ xū fáng hàn tián dì qín gēng zú yǎng jiā
池塘积水须防旱，田地勤耕足养家。

gēn shēn bú pà fēng yáo dòng shù zhèng wú chóu yuè yǐng xié
根深不怕风摇动，树正无愁月影斜。

经典注释

❶幸：庆幸。 ❷恐：担心。 ❸乱：动乱。

经典译文

平时不去烧香，危急时才抱住佛脚求救。庆幸生在太平无事的年代，只怕年纪大了，所剩的时间不多了。国家动乱的时候盼着有优秀的将领，家中贫困的时候希望有一个贤惠的妻子。池塘里蓄满水是为了预防干旱，在田地里辛勤耕作是为了多种粮食养活家人。树根扎得深就不怕狂风摇动，树干笔直就不担心月色下树影歪斜。

※清 焦秉贞 耕织图册·三耘

fèng quàn jūn zǐ gè yí shǒu jǐ
奉劝[1]君子，各宜守己。

zhǐ cǐ chéng shì wàn wú yì shī
只此程式[2]，万无一失。

经典注释

❶奉劝：敬词，勉励、劝告。 ❷程式：法式，准则。

经典译文

劝告各位君子，应该各自安分守己。按照《增广贤文》说的这些准则来为人处世，定然万无一失。

这一则是本书的结语，揭示了作者编这本书的目的。这本书中的大部分内容都是有积极意义的，如珍惜时间、居安思危、知足知止、勤俭节约等思想观念，在当今社会依然有指导作用。但这本书中也有及时行乐、因果报应、男尊女卑、宿命论以及消极颓废的思想等内容，我们在学习本书时要辩证地加以选择，取其精华、去其糟粕，让其中积极有益的内容为我们所用。

经典故事

居安思危

春秋时期，郑国原本和晋国交好，但楚国多次出兵攻打郑国，郑国不得不向楚国投降，这使得晋悼公很恼火，决定联合其他诸侯国一起围攻郑国。

郑国国君向晋国求和，晋悼公见郑国前来求和，十分高兴。他决定把郑国送来的乐器与乐队分一半给功臣魏绛，魏绛却说："您能有今天的快乐，这是您的威望和各位大臣共同的功劳。我怎敢接受这些赏赐呢?"他又提醒晋悼公："古书上说，居安思危。在太平的时候如果能想到可能发生的危险，这样就能有所准备，免遭祸患。"晋悼公认为魏绛讲得很有道理，就采纳了他的建议。

经典拓展

1. "__________，__________"告诉我们平时要做准备，不要等到事到临头才急忙设法应付。

2. "__________，__________"比喻只要站得稳，行得正，就不怕他人诽谤。